Angela Bachlechner / Stefan Schöttl / Hannes Wechner

Stark fürs Leben
Der kreative Firmkurs

Das Werkbuch für Begleiterinnen und Begleiter

Herausgegeben von der
Katholischen Jugend Österreich

Tyrolia-Verlag · Innsbruck-Wien

Dieses Werkbuch für die Firmvorbereitung ist für den/die jeweilige/n GruppenleiterIn vorgesehen. Die Jugendlichen finden in der Firmbox Gegenstände und Materialien (wie unten mit den Nummern 1–7 abgebildet), die sie in kreativer Weise in den Gruppenstunden verwenden. Damit ersetzt die Firmbox das sonst übliche Arbeitsheft für die Firmlinge; sie trägt die ISBN 978-3-7022-3408-9.

❶ **K2 – PUZZLE-BRIEF, Seite 33**

❷ **K3 – FREUNDSCHAFTS-ANFRAGE-KARTE, Seite 45**

❹ **K5 – STÄRKUNGSARMBAND Seite 65**

❸ **K4 – HEILIG-GEIST-WINDRAD, Seite 58**

❺ **K6 – GOTTES-EBENBILD-SPIEGEL Seite 78**

❻ **K4 – FRIEDENSRAP ZUM FRANZISKUSGEBET, Seite 55**

❼ **K7 – LEPORELLO MIT ABLAUF UND TEXTEN ZUR FIRMUNG, Seite 88**

Zitate aus der Heiligen Schrift sind entnommen aus: Die Bibel. Einheitsübersetzung der Heiligen Schrift, vollständig durchgesehene und überarbeitete Ausgabe, herausgegeben von der Katholischen Bibelanstalt, Stuttgart 2016.

Mitglied der Verlagsgruppe „engagement“

3., überarbeitete Auflage 2018

Umschlaggestaltung und Layout: stadthaus 38, Innsbruck
Digitale Gestaltung: Tyrolia-Verlag
Druck und Bindung: FINIDR, Tschechien
ISBN 978-3-7022-3407-2
E-Mail: buchverlag@tyrolia.at
Internet: www.tyrolia-verlag.at

Inhalt

Stark fürs Leben

Seite

4 **Firmvorbereitung als Bestärkung**

5 **Auf die Plätze, fertig ... HALT!** Grundlegendes zum Arbeiten mit der Firmgruppe K0

15 **„Das erste Mal“** Die Gruppe lernt laufen K1

25 **Leben in Beziehungen** Am Du zum Ich werden K2

35 **Oh (m)ein Gott!** Abschied vom kindlichen Gottesbild K3

47 **Heiliger Geist** Begleitet, bestärkt und begeistert K4

59 **Sprung ins Leben** Firmung als Bestärkung beim Erwachsenwerden K5

69 **Hormone & Co** Stürmische Zeiten K6

79 **Symbole – Sakramente – Firmsymbole** Von den Dingen hinter den Dingen K7

91 **Was noch wesentlich ist ...** Ein Kapitel für Firmverantwortliche und Interessierte K8

108 Glossar

FIRMVORBEREITUNG ALS BESTÄRKUNG

Ziel der Firmung ist es, jungen Menschen die Stärkung durch den Heiligen Geist für das Leben und seine Aufgaben spür- und erlebbar zu machen. Das ist keine reine „Kopfsache". Erlebnisse können helfen, das zu erahnen, was Firmung ausmacht. Vertrauen in die stärkende Kraft des Heiligen Geistes hat mit Beziehung zu tun und nicht mit festgeschriebenem Wissen. Deswegen arbeitet dieser Behelf weitgehend erlebnisorientiert und verzichtet auch auf das klassische Begleitheft für den Firmling. An seine Stelle tritt eine Box mit Gegenständen und Symbolen, die einen emotionalen und persönlichen Zugang zu einzelnen Themen vermitteln.
Dieses Werkbuch setzt bei den FirmbegleiterInnen an und möchte sie dazu anregen, aus ihrem Schatz an Lebens- und Glaubenserfahrung den Jugendlichen etwas mitzugeben. Sie finden dazu eine Fülle an pädagogischen und methodischen Hilfen samt den dazugehörenden theologischen Hintergründen.

WIE ARBEITE ICH MIT DIESEM BEHELF?

Methodenbausteine

Der Behelf bietet eine Fülle unterschiedlicher Methoden. Diese sind als Angebot gedacht und müssen nicht von Anfang bis zum Ende „abgearbeitet" werden. Wähle aus den einzelnen Kapiteln die Methoden mit Blick auf die Gruppe und deine eigenen Vorlieben aus. Pro Kapitel haben wir jeweils drei Methoden als Einstieg, Vertiefung und Abschluss zusammengestellt.
Eine erweiterte Methodensammlung findet sich auf der Website www.firmung.at. Auf dieser sind ebenfalls Filme und Fotostrecken zu finden, die als Unterstützung gedacht sind, um einzelne Methoden besser zu verstehen.

Aufbauschema der Kapitel

Einführung: Ein kurzer Text gibt Auskunft darüber, was dich in diesem Kapitel erwartet und warum dieses Thema in der Firmvorbereitung eine Rolle spielt.

Reflexionsfragen für dich als FirmbegleiterIn: Diese Fragen machen dir deine persönlichen Lebenserfahrungen mit dem Thema bewusst. Du hast zu diesem Thema etwas zu sagen, weil du Erlebnisse und Erfahrungen damit verbindest. Du bist die Botschaft.

Methoden: Sie sind in Einstiegs-, Vertiefungs- und Abschlussphase gegliedert. Es können auch Methoden aus verschiedenen Kapiteln kombiniert werden.

Modellabläufe für jedes Kapitel

Am Ende jedes Kapitels finden sich drei mögliche Modellabläufe eines Firmtreffens. Sie sind als Vorschlag zur schnelleren Orientierung gedacht; natürlich sind auch andere Methodenkombinationen möglich und zielführend.

Materialien, Fotostrecken, Videos ... ein erweiterter Behelf im WWW

Unter http://behelf.firmung.at und dem jeweiligen Code findest du Kopiervorlagen bzw. weitere Methoden. Das Angebot reicht von Materialblättern bis zu Fotostrecken und kleinen Filmen, die man auch mit einem QR-Code rasch auf das Handy herunterladen kann.

Die Firmbox – Materialien für das Arbeiten mit dem Behelf

Die Box ersetzt das sonst übliche Arbeitsheft für die Firmlinge und kann – muss aber nicht – für jeden Firmling angeschafft werden. Sie enthält Gegenstände, die einer kreativen Auseinandersetzung mit den Inhalten der einzelnen Kapitel dienen: z. B. in Form von kleinen Bausätzen, Symbolen, Texten ...
Im Laufe der Vorbereitung teilt der/die BegleiterIn die entsprechenden Materialien aus.

Auf die Plätze, fertig ... HALT!

Grundlegendes zum Arbeiten mit der Firmgruppe

Was willst du, das ich dir tue?

Mk 10,51

K0 – AUF DIE PLÄTZE, FERTIG ... HALT!

Bevor ich mit Firmlingen arbeite, macht es Sinn, mich als BegleiterIn darauf vorzubereiten. Ein paar Anregungen dazu finden sich in diesem Kapitel:

1. Prinzipien für das Arbeiten mit jungen Menschen (Seite 7)
2. Roter Faden für ein Gruppentreffen (Seite 8)
3. Religiöse Elemente in der Firmvorbereitung (Seite 9)
4. Was tun, wenn es nicht läuft? (Seite 10)
5. Aktivierende Übungen (Seite 11)

Reflexionsfragen

- Stell dir zwei unterschiedliche Firmlinge vor und frage dich: Was ist den beiden wichtig in Bezug auf Familie, Ausbildung, Freizeit, Religion und Glaube?
- Was ist meine Motivation, mein persönliches Ziel für die Firmvorbereitung?
- Wie verhalte ich mich, wenn es in der Gruppe Spannungen gibt?
- Wann fühle ich mich beim Beten wohl?

1. PRINZIPIEN FÜR DAS ARBEITEN MIT JUNGEN MENSCHEN

Drei Grundregeln

- **Haltung vor Methode:** Die beste Methode nützt nichts, wenn ich wenig Verständnis für Jugendliche habe.
- **Beziehung vor Inhalt:** Erst wenn es eine gute Beziehung untereinander gibt, ist der Boden für Inhalte bereitet.
- **Glaube entzündet sich an Personen – nicht an Inhalten oder Dingen.** Ich als Person bin das wichtigste Werkzeug, die intensivste Methode.

EINE SITUATION – ZWEI WEGE …

Es ist Freitag, 17 Uhr. Wie vereinbart sollten die Firmlinge (13/14 Jahre) in der Wohnung von Marlies (27 Jahre) erscheinen. Es ist bereits das dritte Treffen. Marlies hat sich für heute das Thema Gott vorgenommen und sich gemeinsam mit ihrer Freundin Sarah (31 Jahre) auf diese Einheit sorgfältig vorbereitet. Leider ist Sarah heute verhindert.
Die ersten Firmlinge treffen, wie gewöhnlich, mit leichtem Getöse ein.
Kurz nach fünf Uhr beginnt Marlies die Stunde. Sie ist ein wenig nervös und startet, sobald alle eingetroffen sind, mit einem Song, den sie über ihren MP3-Player abspielt. Dazu liest sie einen Text, der zum Thema hinführt. Der Text ist gut, sehr gut sogar, Marlies ist sich sicher, dass dieser die Firmlinge für das Thema sensibilisiert.
Aber stattdessen kichern einige der Firmlinge, necken sich. Die Situation ist weit entfernt von einer meditativen Hinführung. „Jetzt haltet mal den Mund …", zischt Marlies in die Runde. Nach dem Einstieg teilt sie die Gruppe in zwei Teile: Jede Kleingruppe bekommt toll vorbereitete Blätter. Es soll gemeinsam ein Bild entstehen. Ein Wasserbecher fällt um und ergießt sich über den Boden. Gelächter und Gejohle von Seiten der Firmlinge. Zudem „verirren" sich einige Malstriche der Wachsmalkreiden auf den Fußboden … Marlies ist den Tränen nahe.
Bei der anschließenden Diskussion schalten die Firmlinge auf „Durchzug". Marlies entschließt sich aber doch, den letzten Teil der Vorbereitung „durchzuziehen". War die Vorbereitung doch sehr zeitaufwändig … „und jetzt werde ich dieses tolle Programm auch noch machen". Die Stimmung wechselt zu Aggressivität und Frust.
Kommentar eines Firmlings wenig später auf Facebook: „… heut war ich wieder mal bei einem voll firmschei …"

oder so:

Der Text ist gut, sehr gut sogar, Marlies ist sich sicher, dass dieser die Firmlinge für das Thema sensibilisiert. Stattdessen kichern einige der Firmlinge, necken sich. Die Situation ist weit entfernt von einer meditativen Hinführung. Marlies schaltet die Musik aus – erstaunte Gesichter der Firmlinge. „Was ist heute los?", fragt sie in die Runde. Nach einigem Hin und Her wird klar: Es gab heute in der Klasse Streit. Zwei Mädchen dieser Klasse sind in der Firmgruppe. Es ergibt sich ein angeregtes Gespräch über Freundschaften, Beziehungen und auch das Thema erste Liebe wird andiskutiert. Die Firmlinge lauschen, teils beeindruckt, den „Lebenserzählungen" von Marlies, fragen nach, ergänzen mit eigenen Erlebnissen.
Das Treffen endet weit später als geplant, das Thema Gott ist eigentlich nicht bearbeitet

worden. Kommentar eines Firmlings wenig später auf Facebook: „.... heut war ich firmtreffen, cruisige diskussion ..."

Was macht den Unterschied?

Beim ersten geschilderten Ablauf machen sich Frust und Unlust breit. Krampfhaftes Festhalten am Konzept hält davon ab, die Jugendlichen wahr- und ernst zu nehmen. Der Inhalt steht vor der Beziehungsebene und dieser im Weg. Tatsache ist, dass über das Thema Gott zwar gesprochen wurde, aber von der eigentlichen Botschaft haben die Firmlinge wenig mitgenommen.
Im zweiten geschilderten Ablauf wurde das vorbereitete Thema erst gar nicht angesprochen. Doch es wurde sehr viel erreicht – es wurde Beziehung geschaffen. Die Firmlinge haben das Gefühl: „Die" nimmt uns ernst, wir sind „ihr" wichtig. Das bedeutet einen großen Vertrauensgewinn auf beiden Seiten. Das nächste Treffen wird sicher unter anderen Vorzeichen stattfinden.

WIE AUF JUGENDLICHE/FIRMLINGE ZUGEHEN?

Es gibt kein immer und überall funktionierendes Grundrezept, aber ein paar sehr wirksame Zutaten, die das Miteinander in einer (Firm-)Gruppe gelingen lassen.

- **Jugendliche wahrnehmen und annehmen:** Der erste Schritt, um mit Jugendlichen zu arbeiten, ist, sie wahrzunehmen und diese Wahrnehmung zu reflektieren. Was sagen sie durch Kleidung, Musik, Sprüche, Haltungen, ...? Und: Was löst dieses Auftreten bei mir aus?

- **Authentisch sein:** Jugendliche spüren sehr schnell, ob das, was man ihnen vermitteln will, auch dem entspricht, was den Begleiter, die Begleiterin bewegt. Authentisch sein heißt, auch zu den möglichen Zweifeln, die Glaube und Religiosität mit sich bringen, zu stehen. Eine intensive eigene – oder besser: eine intensive gemeinsame – Auseinandersetzung der BegleiterInnen mit den Themen, die in der Firmvorbereitung angesagt sind, kann Wunder wirken.

- **Prozessorientierung** ... bedeutet zuzulassen, dass Thema wird, was in der Gruppe gerade Thema ist. Das gilt besonders für den Beginn der Firmvorbereitung und jedes Treffens. Diesem genügend Zeit und Aufmerksamkeit zu geben, zahlt sich aus. Austausch und inhaltliches Arbeiten ist erst möglich, wenn ein gewisses Maß an gegenseitigem Vertrauen vorhanden ist. Die Themen, mit denen sich die Jugendlichen in der Firmvorbereitung auseinandersetzen werden, verlangen dieses Vertrauen.

2. ROTER FADEN FÜR EIN GRUPPENTREFFEN

Jede Gruppe besteht aus einzelnen Personen in ihren je eigenen Rollen. Die Gruppe unterliegt so, vor allem am Anfang, eigenen Dynamiken. Um diese Kräfte positiv nutzen und den geplanten Themenbereich gut erarbeiten zu können, muss ich als BegleiterIn einen Plan haben, wie ich a) auf die Gruppe eingehe und b) das Thema aufbaue.
Ein inhaltliches Treffen lässt sich grob in eine Anfangsphase und drei inhaltliche Phasen einteilen (vgl. dazu den Aufbau der jeweiligen Kapitel dieses Buches).

- **Ankommen:** Alle kommen mit verschiedenen Erfahrungen, unterschiedlicher Laune, mehr oder weniger motiviert zur Firmstunde. Am Beginn soll Zeit sein zum Ankommen – nicht nur körperlich, sondern auch geistig. Einstiegsrituale (siehe K 1, ab S. 17) geben hier Sicherheit, weil die Firmlinge wissen, womit sie rechnen können. Jeder Junge, jedes Mädchen soll zu Wort kommen. Dadurch fühlt er/sie sich wahrgenommen und gehört.
Die gewählten Rituale bzw. Spiele werden nach den Vorlieben der Gruppenmitglieder, des Begleiters, der Begleiterin ausgewählt. Z. B. wird in jeder Firmstunde zu Beginn ein Lied gesungen, weil die Firmlinge sehr gerne singen, weil der/die BegleiterIn gut singen kann.

- **Das Thema – Einstieg, Bearbeitung und Vertiefung:** Der Themeneinstieg (z. B. Symbole, Provokantes, Bilder ...) soll neugierig machen auf das, was kommt. Eine gute Aufbereitung weckt das Interesse, erleichtert den Einstieg und gibt Stoff für Diskussionen.
Bei der Erarbeitung des Themas gilt: Möglichst alle sollen sich einbringen. Jeder und jede hat Erfahrungen, die er/sie mitteilen kann.
Dies gilt auch für die FirmbegleiterInnen – das Treffen „lebt" von der Lebenserfahrung, der Mitteilung der eigenen Werte und dem jeweiligen Vorwissen. Mit den jungen Menschen können so gemeinsam Antworten gesucht werden. Es gibt keine Patentrezepte! Eine vorhergehende persönliche Auseinandersetzung der BegleiterInnen mit dem Thema erleichtert die Unterstützung in diesem Prozess. Im Behelf werden dazu am Beginn jedes Kapitels Fragen gestellt, die bei dieser persönlichen Auseinandersetzung helfen sollen.

- **Abschluss:** Die Abschlussphase fasst die inhaltliche Einheit zusammen und hilft, das Gehörte und Erlebte einzuordnen. An ihrem Ende kann ein Ritual hilfreich sein, einen Schlusspunkt für die Gruppe deutlich zu machen – auch wenn anschließend noch gespielt, getratscht, miteinander gegessen ... wird. Möglichkeiten sind ein kurzes Feedback, Kreuzzeichen, Kerze auslöschen oder ein einfacher Satz wie „Heute haben wir gut gearbeitet ..."

3. RELIGIÖSE ELEMENTE IN DER FIRMVORBEREITUNG

Und plötzlich ist sie da, die peinliche Stille, wenn es vor oder nach dem Treffen heißt: „Wollen wir noch beten?", „Beten wir zum Abschluss noch miteinander."
Beten und religiöse Elemente auf Abruf oder ohne entsprechende Hinführung sind ein gewagtes Unternehmen. Und doch steckt eine enorme Kraft im Gebet, die es zu entdecken lohnt. Um Berührungsängste der Jugendlichen abzubauen und eine gewisse Vertrautheit mit religiösen Elementen zu schaffen, braucht es ein Gespür für den richtigen Zeitpunkt (am Anfang und Ende der Einheit passt es nicht immer automatisch) sowie anfangs kreative und kurze Elemente.

- **Fordern, nicht überfordern:** Gerade beim Gebet ist es besonders wichtig, die Aufnahmefähigkeit der einzelnen Jugendlichen und der gesamten Gruppe im Blick zu haben. Überforderung oder zu hohe Erwartungen sind hier unangebracht, weil sie den Jugendlichen einen freudvollen Zugang zum Gebet bzw. zu spirituellen Elementen versperren. Beim Einsatz von Texten ist weniger oft mehr.

- **Atmosphäre schaffen – mit jugendlicher Ästhetik:** Beim Beten kommt es auch auf die richtige Stimmung an. Das Abdunkeln des Raumes, eine Kerze, Weihrauch, ruhige Musik, das Anschlagen einer Klangschale – all das kann zu einer positiven Atmosphäre beitragen. Die Beteiligung der Jugendlichen bei der Gestaltung einer liturgischen Feier wirkt Wunder.
  Jugendliche haben ihre eigene Ästhetik und nehmen diese sehr ernst. Wird diese Schiene des Zugangs ausgelassen, fällt es Jugendlichen meist schwer, sich auf (noch so gute) Inhalte einzulassen.
  Ein Ortswechsel – etwa in die Kirche, eine Kapelle oder ins Freie zu einem „Marterl" – kann bisweilen die Bereitschaft zum Gebet unterstützen.

- **Lebensweltlicher Bezug:** In der Regel wird ein Gebet die Jugendlichen eher ansprechen, wenn es gelingt, darin einen Zusammenhang mit ihren Wünschen, Ängsten, Fragen und Bedürfnissen herzustellen. Dabei spielt eine jugendgerechte Sprache eine große Rolle. Bei traditionellen Gebetsformen (z. B. Rosenkranzgebet) bedarf es jedenfalls einer guten „Übersetzungsarbeit".

- **Ganzheitlichkeit:** Grundsätzlich gilt: Je abwechslungsreicher ein Gebet gestaltet wird, desto eher wird es gelingen, möglichst viele Jugendliche anzusprechen und sie auch über die Firmvorbereitung hinaus für den Schatz des Betens zu sensibilisieren. Besonders bieten sich Methoden an, die die Jugendlichen zum Mittun einladen und dennoch niederschwellig sind. Nicht jede Methode (z. B. Lieder, liturgische Tänze ...) passt für jede Gruppe!

In den verschiedenen Kapiteln finden sich Vorschläge für spirituelle Elemente.

4. WAS TUN, WENN ES NICHT LÄUFT?

Regeln vereinbaren – Grenzen setzen – großzügig sein

Wer kennt das nicht? Firmlinge erscheinen trotz gemeinsam vereinbarter Regeln unpünktlich zu den Treffen, müssen oft früher die Gruppe verlassen oder kommen überhaupt nicht. Wer hat sich nicht schon einmal über Einzelne geärgert, die ständig destruktiv agieren, die sogar ab und zu die Stunde „kippen" lassen? Wie gehe ich als BegleiterIn, wie gehen wir als Firmteam damit um? Wie schaffe ich ein Klima, in dem Austausch und Diskussion möglich ist? Wie reagiere ich auf Regelbrüche?
Auf diese Fragen und Störungen gibt es keine Patentrezepte, aber nützliche Hinweise, wie die geschilderten Situationen gut bewältigt werden können.

- **Vor dem Start:** Bereits vor dem Arbeitsbeginn mit den Jugendlichen grundlegende Regeln im Firmteam ausmachen und diese den Firmlingen mitteilen. Wie „hart" oder „weich" diese Regeln dann gehandhabt werden, ist vom Team je nach Situation zu beurteilen.

- **Keine Konfrontationen vor der Gruppe:** Vermeide eine Konfrontation vor der Gruppe. Besser ist es, den Konflikt in einem Vieraugengespräch anzusprechen: „Du hast gefehlt/gestört/kommst immer wieder zu spät ... ich möchte mit dir darüber reden." Dadurch verliert der Firmling nicht sein „Gesicht" und fühlt sich von dem/der BegleiterIn ernst- und wahrgenommen.

- **Grenzen ansprechen:** Grenzen, die von einem Firmling überschritten wurden, werden unmissverständlich benannt – „Achtung Grenzverletzung!" Der/die Jugendliche soll gemeinsam mit dem/der BegleiterIn eine Lösung finden: „Ich habe dich gerne in der Gruppe, denn du bist ein lebhafter Junge und das tut der Gruppe gut. Aber in letzter Zeit war mir deine Lebendigkeit zu viel und ich habe den Eindruck, dass die Gruppe darunter gelitten hat. Wie siehst du das?"

Thema: Ausschluss aus der Firmvorbereitung?

Ein sensibles und kontrovers diskutiertes Thema ist der mögliche Ausschluss eines Firmlings z. B. wegen ständiger Abwesenheit. Hier stehen sich die **Theologie der Firmung** (Firmung ist Geschenk und Gnade und es benötigt dafür keine Vorleistung) – und die **pädagogische Praxis** (Wenn Grenzen überschritten werden, muss das Konsequenzen haben) gegenüber. Dieses **Dilemma** zu lösen, ist nicht einfach. Folgende Überlegungen können eventuell weiterhelfen:

- Es ist hilfreich, wenn mögliche Reaktionen schon im Vorfeld durch die BegleiterInnen besprochen und entschieden werden. Der Begleiter, die Begleiterin kann sich im Bedarfsfall auf diese Entscheidungen berufen.
- Bevor mit der „Ausschlusskeule" gedroht wird, ist es sinnvoll, das Gespräch zu suchen und einen Weg zu finden, der für alle Beteiligten – auch die anderen Firmlinge – angemessen erscheint: z. B. durch das Nachholen versäumter Einheiten in einem Einzeltreffen mit einer für die Firmvorbereitung verantwortlichen Person.
- Es kann durchaus kommuniziert werden, dass niemand gefirmt werden muss und dass die Firmung auch verschoben werden kann: „Wenn derzeit andere Aktivitäten Vorrang haben – und das ist auch in Ordnung –, ist es eine Möglichkeit, wenn du die Firmung und die Vorbereitung auf nächstes Jahr verschiebst. So vermeidest du die ständigen Terminüberschneidungen und kannst dich auf das konzentrieren, was dir derzeit wichtig ist."
- Ein endgültiger Ausschluss/Aufschub sollte nur dann erfolgen, wenn der Firmling von sich aus nicht gefirmt werden möchte.
- ... und warum sollte entgegen aller scheinbaren pädagogischen Logik von einem Ausschluss/einer Verschiebung nicht generell abgesehen werden, da Gottes Geist Gnade und Geschenk und nicht verdienbar ist?
- Sehr oft wissen wir nicht, was im Leben eines Firmlings gerade vor sich geht ...

Entlastung: Es gibt Situationen, die im Rahmen der Firmvorbereitung nicht lösbar sind.

5. AKTIVIERENDE ÜBUNGEN

Manchmal sind es keine großen Probleme, warum ein Treffen nicht ins Laufen kommt und sich mühsam dahinzieht. Mögliche Ursachen sind Unkonzentriertheit, Müdigkeit, Schulstress, Wetterfühligkeit ...
Folgende aktivierende Übungen können helfen, Energien in die Gruppe zu bringen und den Bewegungsdrang der Jugendlichen zu stillen.

Hier drei „wirksame" Übungen, weitere sind im Web unter **www.firmung.at** zu finden:

1. EINS – ZWEI – DREI

Beschreibung

Die Firmlinge bilden Paare und stellen sich gegenüber auf. Dann wird in einer ersten Runde abwechselnd und wiederholend von 1 bis 3 gezählt (Firmling A: „1", Firmling B: „2", Firmling A: „3", Firmling B: „1" ...); Anschließend wird in der zweiten Runde die Eins von beiden durch ein je unterschiedliches Zeichen (am Ohr zupfen, klatschen, um die eigene Achse drehen ...) ersetzt. Dann wird wieder von 1 bis 3 gezählt, wobei jetzt aber die Eins nicht mehr gesprochen, sondern nur mehr mit dem Zeichen dargestellt wird. Die Zahlen 2 und 3 werden weiterhin ausgesprochen. Nach dieser Runde wird nun auch die Zwei durch ein Zeichen ersetzt, bis schließlich in der dritten Runde nur mehr mit Hilfe von Zeichen gezählt und nicht mehr gesprochen wird.

Infobox

Dauer 10 min
Alter 12 – 13 – 14 – 15 – 16 – 17
Vorbereitung *
Material keines

Film/Foto

behelf.firmung.at/9967

2. DAS BLATT WENDEN

Beschreibung

Die Gruppe versucht, eine Decke/Plane, die gerade so groß ist, dass alle darauf Platz finden, zu wenden. Während des Wendevorganges darf niemand die Plane verlassen oder den Boden neben der Plane berühren. Berührt doch jemand den Boden, muss die Anfangssituation wieder hergestellt werden.

Variante

Die Plane, auf der die Gruppe steht, muss einmal, zweimal ... „wie oft schafft es die Gruppe?"... zusammengelegt, d. h immer wieder halbiert, werden. Ansonsten gelten die Regeln wie oben beschrieben.

Infobox

Dauer 10 min
Alter 12 – 13 – 14 – 15 – 16 – 17
Vorbereitung *
Material unzerreißbare Decke, Abdeckplane

Film/Foto

behelf.firmung.at/2130

3. DAUMENDUELL

Beschreibung

Die Firmlinge bilden Paare und geben sich die rechte Hand. Beide halten sich an den abgewinkelten Fingern der rechten Hand und strecken ihre Daumen nach oben. Auf ein Zeichen beginnt das Duell: Jeder Daumen versucht den anderen Daumen niederzudrücken. Dabei genügt ein kurzes, eindeutiges Fixieren des Daumens als Kriterium über Sieg oder Niederlage. Es wird auf drei „Siege" gespielt.

Variante

Doppel-Daumenduell: Die TeilnehmerInnen stehen sich gegenüber und geben sich überkreuzt beide Hände. Das Duell erfolgt mit beiden Händen gleichzeitig.

Infobox

Dauer 5 min
Alter 12 – 13 – 14 – 15 – 16 – 17
Vorbereitung *
Material keines

WEITERE ÜBUNGEN IM WEB

Zusatz

behelf.firmung.at/7366

„Das erste Mal"

Die Gruppe lernt laufen

Jeder Weg beginnt mit dem ersten Schritt.

K1 – „DAS ERSTE MAL“

Das erste gemeinsame Treffen stellt eine Herausforderung an alle Beteiligten dar. Es ist geprägt von Unsicherheiten auf beiden Seiten.

1. Wie wird's mir in dieser Gruppe gehen?
2. Was erwartet mich, was muss ich tun?
3. Das gegenseitige Abtasten geschieht weitgehend unbewusst und sollte bei diesem Treffen zur Sprache kommen.
4. Gemeinsam vereinbarte Regeln schaffen Orientierung und geben Sicherheit
5. An die erste Einheit sind keine zu hohen Erwartungen zu stellen. Ein gewisser „Erfolg" besteht schon darin, wenn kleine Aufgaben gemeinsam gelöst werden.

Reflexionsfragen

- Wie geht es mir, wenn ich in eine neue Gruppe komme?
- Welche Rolle nehme ich in Gruppen gerne ein und welche Rollen kenne ich von anderen?
- Wie „nervös" bin ich/sind die Jugendlichen vor der ersten Firmstunde?
- Mit welchen Erwartungen kommen die Firmlinge?
- Woran erinnerst du dich, wenn du an die erste Firmstunde deiner eigenen Firmvorbereitung denkst?

Foto: mik_cz – Fotolia.com

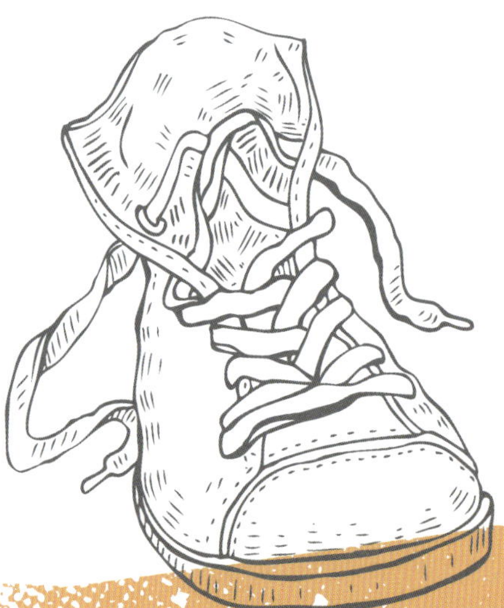

EINSTIEG

Das Kennenlernen ist eine wichtige Phase. Selbst wenn Jugendliche sich schon kennen, sollte dieser Abschnitt nicht entfallen – man trifft sich in der Firmgruppe unter anderen Vorzeichen, in einer anderen Umgebung ...

1. „VIELE, VIELE BUNTE SMARTIES"

Grundsätzliches

Einfache Kennenlernmethode mit Überraschungseffekt; auch für Jugendliche, die sich schon kennen.

Beschreibung

Der/die FirmbegleiterIn lässt eine Packung Smarties oder Gummibärchen die Runde machen. Die Bedingungen werden zuvor erklärt: Jede/r darf sich so viele Süßigkeiten nehmen, wie er/sie will, aber der Inhalt der Packung muss für alle reichen.
Erst nachdem jeder und jede die Süßigkeiten in den Händen hält, folgt die nächste „Aufgabe": Pro Stück Smartie/Gummibärchen muss/darf der Firmling ein Detail seines Lebens vorstellen.

Infobox

Dauer 15–25 min (ca. 2 min pro Person einplanen)
Alter 12 – 13 – 14 – 15 – 16 – 17
Vorbereitung *
Material Smarties oder Gummibärchen

2. AUFSTELLUNGSÜBUNG

Grundsätzliches

Kennenlernmethode, die aktiviert und ohne großen Aufwand an vielen Orten durchführbar ist.

Beschreibung

Die Firmlinge bekommen die Aufgabe, sich nach gewissen Kriterien in der richtigen Reihenfolge aufzustellen: z. B. alphabetisch nach dem zweiten Buchstaben des Vornamens, nach Geburtstag, nach Schuhgröße, alphabetisch nach dem Vornamen des Taufpaten/der Taufpatin ...

Variante

1. Gleicher Aufbau wie oben, aber es darf nicht gesprochen werden.
2. Den Firmlingen werden die Augen verbunden. Der/die FirmbegleiterIn flüstert jedem/jeder eine Zahl ins Ohr – Firmling A: Zahl 2, Firmling B: Zahl 3, Firmling C: Zahl 5, Firmling D: Zahl 6 usw. Nun darf nicht mehr gesprochen werden. Die Firmlinge müssen sich durch eine andere Form von Kommunikation in der richtigen Reihenfolge aufstellen.

Foto: KJ Oberösterreich

3 Die ganze Übung muss auf Stühlen (einer Langbank, einem Holzstamm etc.) stehend absolviert werden, ohne den Boden zu berühren. Dazu müssen die Stühle eng im Kreis oder in einer Linie aufgestellt werden. Stabile Stühle nehmen!

Infobox

Dauer 15 min
Alter 12 – 13 – 14 – 15 – 16 – 17
Vorbereitung *
Material eventuell Augenbinden

3. ZWEI WAHR, EINS GELOGEN

Grundsätzliches

Dieses Spiel eignet sich sowohl dazu, sich in der Gruppe (besser) kennen zu lernen als auch Aussagen über sich selbst zu treffen.

Beschreibung

Die Firmlinge überlegen sich drei Aussagen über sich selbst, zwei davon müssen wahr sein, eine ist gelogen. Mögliche Bereiche: Hobbys, Familie, Lieblingsessen, Reisen, Herkunft, besondere Erlebnisse. Der Reihe nach stellt sich so jede/r vor, die restlichen Gruppenmitglieder versuchen zu erraten, was nicht stimmt.

Variante

Lügenwappen: Jede/r TeilnehmerIn gestaltet ein Wappen, in dem vier Felder Eigenschaften oder Hobbys darstellen, die zutreffen. In eines der vier Felder wird eine Eigenschaft ... gemalt, die nicht zutrifft. Anschließend wird das Wappen der gesamten Gruppe möglichst glaubhaft vorgestellt. Die Gruppe muss erraten, welche der Eigenschaften nicht zutrifft.

Tipps/Achtung

Am besten stellst du dich als FirmbegleiterIn mit eigenen originellen und aussagekräftigen Beispielen als Erste/r vor – dann werden die Vorstellungen der Firmlinge auch interessanter.

Infobox

Dauer 3 min pro Firmling bzw. bei Variante dementsprechend länger
Alter 12 – 13 – 14 – 15 – 16 – 17
Vorbereitung *
Material für die Variante Zeichenblätter und Stifte für Wappen

VERTIEFUNG

Diese Phase des Firmtreffens dient sowohl der Klärung der Erwartungen von beiden Seiten, dem gemeinsamen Erstellen von Regeln als auch einem ersten Versuch, etwas gemeinsam zu gestalten.

1. WUNSCHBAUM UND MISTKÜBEL

Grundsätzliches

Firmlinge und BegleiterInnen kommen mit bestimmten Erwartungen und Befürchtungen zum ersten Treffen. Wenn diese anonym geäußert werden, können Missverständnisse und Fragen geklärt werden.

Beschreibung

Die Firmlinge formulieren ihre Erwartungen und Befürchtungen bzgl. Firmvorbereitung und Gruppe auf kleinen Papierstreifen. Die Erwartungen werden anonym abgegeben. Positive Erwartungen werden auf einen Baum (Topfpflanze, Ast ...) aufgehängt, die negativen in einen Mülleimer geworfen. **Beim**

Auswerten wird mit dem Mistkübel begonnen.

Tipps/Achtung

Die Firmlinge bekommen den Auftrag, ihre Erwartungen möglichst konkret zu formulieren: „Spaß" ist z. B. zu allgemein, eine Schneeballschlacht wäre schon deutlicher.

Infobox

Dauer 15 min
Alter 12 – 13 – 14 – 15 – 16 – 17
Vorbereitung *
Material „Wunschbaum", Mülleimer, Papierstreifen, Stifte

2. MOONBASE – STOFF FÜR DIE GRUPPE

Grundsätzliches

Anhand des Symbols des lebenswichtigen Sauerstoffs werden mit dieser Übung die für eine Gruppe lebensnotwendigen Regeln erarbeitet.
Regeln schaffen Vertrauen, geben eine Struktur vor und vor allem: Sie sind ein Einüben in das große Thema – wie können wir in Frieden und gegenseitigem Respekt miteinander umgehen?

Beschreibung

Die Gruppe steht in einem abgegrenzten Feld, der sogenannten Moonbase. In unterschiedlichsten Entfernungen zur Gruppe sind Sauerstoffreserven (Bausteine) „sichtbar versteckt". Alle Sauerstoffreserven müssen nun von der Gruppe innerhalb einer bestimmten Zeit in die Moonbase gerettet werden, damit sie ausreichend mit Sauerstoff versorgt bleibt.
Die Sauerstoffreserven sind A4-Blätter, auf denen jeweils eine Gruppenregel, die von den

Foto: KJ Oberösterreich

BegleiterInnen vorgegeben wird, steht (Handy aus, Pünktlichkeit, Entschuldigung bei Verhinderung, aktive Teilnahme, kein Weitertratschen von persönlichen Aussagen ...). Drei dieser Blätter sind unbeschriftet und werden im Zuge der Reflexion von den Firmlingen mit Regeln beschriftet, die der Gruppe wichtig sind.
Dabei gelten folgende Vorschriften: Die Gruppe darf immer nur einen Sauerstofftank bergen und hat pro Versuch nur eine Minute Zeit. Insgesamt hat die Gruppe um drei bis vier Versuche mehr, als es der Anzahl nach Reserven zu bergen gilt.
Die Gruppe muss während der Bergearbeit immer den Kontakt zur Moonbase halten. Dazu darf der Körperkontakt zwischen den Personen auch während der Bergung nicht abreißen.

Anmerkung

Die Bausteine müssen für die Gruppe erreichbar sein können, wenn sie sich in Hand-

fassung hält oder auch anders im Körperkontakt bleibt. Als Richtmaß für die maximale Entfernung nimmt man ca. 2 m pro Person als Abstand an. Merkt man während des Spielverlaufes, dass die Bausteine zu weit oder zu nahe beisammen liegen, müsste man diese noch einmal verändern.
„Kosmische Strömungen" verändern die Lage der Sauerstoffreserven.

Variante

Die chinesische Parabel „Das Fest konnte nicht stattfinden" (siehe unten) wird vorgelesen und anschließend werden bunte, aus Papier ausgeschnittene Flaschenumrisse mit notwendigen Regeln beschriftet, damit eine angenehme gemeinsame Vorbereitungszeit stattfinden kann.

Das Fest kann nicht stattfinden

Da sollte irgendwo in China oder Indien ein großes Fest stattfinden. Ein Hochzeitsfest. Aber das Brautpaar war sehr arm. Darum hatten sie auf die Einladungen geschrieben, jeder solle bitte eine Flasche Reiswein mitbringen und am Eingang in ein großes Fass schütten. So sollten alle zu einem frohen Fest beitragen. Als alle versammelt waren, schöpften die Serviererinnen aus dem Fass. Und wie sie zum Wohl des jungen Brautpaares anstoßen und trinken, da versteinern alle Gesichter: Denn jeder hatte nur Wasser im Glas. Jetzt bereute wohl jeder seine Überlegung: „Ach, die eine Flasche Wasser, die ich hineingieße, wird niemand merken!" Aber leider hatten alle so gedacht. Alle wollten auf Kosten der anderen mitfeiern. Und so konnte das große, schöne Fest nicht stattfinden!

Quelle: unbekannt

Infobox

Dauer 30 min Spielverlauf + 15 min Reflexion + Regelerstellung
Alter 12 – 13 – 14 – 15 – 16 – 17
Vorbereitung * *
Material Uhr, Ziegelsteine od. Holzstücke, evtl. Seil zum Auflegen einer Moonbase, evtl. Hindernisse, Maßband, für die Variante Flaschenumrisse aus Papier
Ort Größerer Raum bzw. Wohnung, Outdoor

Film/Foto

behelf.firmung.at/4810

3. SYMBOLSPAZIERGANG

Grundsätzliches

Natur erleben, Kreativität. Zusammenspiel und Hinführung zum Symbolverständnis – in dieser Übung ist von all dem etwas zu finden.

Beschreibung

Nach einem kurzen Kennenlernspiel machen sich die Firmlinge zu einem Spaziergang im nahen Park oder Wald auf. Jede/r sucht sich Dinge aus der Natur, die etwas mit einem selbst zu tun haben. Zurück im Gruppenraum oder Haus (auch ein Treffpunkt in der Natur ist möglich) werden die gesammelten Schätze den anderen vorgestellt und so ein Stück eigenes Ich präsentiert. Anschließend werden die Symbole in der Mitte drapiert und eventuell in „künstlerischer" Anordnung fixiert – ein Gruppensymbol ist entstanden!

Variante

1. Symbole können auch in der Wohnung gesucht werden, z. B. Polster für das „Gerne-

Träumen", Spiegel für „leichte Eitelkeit", Handy für Kontaktfreudigkeit etc.

2. Auch in der Stadt finden sich Symbole, die aber meist nicht so leicht mitzunehmen sind – hier kann man auf von den Firmlingen selbst gemachte Fotos zurückgreifen.
3. Der/die FirmbegleiterIn kann auch Bilder (besondere Naturaufnahmen etc.) auflegen und die Firmlinge wählen unter diesen.

Infobox

Dauer 30–45 min
Alter 12 – 13 – 14 – 15 – 16 – 17
Vorbereitung *
Material Decke, Tuch oder ähnliche Unterlage für das Gruppensymbol

ABSCHLUSS

1. SCHRITTKREIS

Grundsätzliches

Eine einfache und dennoch herausfordernde Übung mit dem Ziel, sich selbst und die anderen Gruppenmitglieder besser wahrzunehmen.

Beschreibung

Die Personen stellen sich Schulter an Schulter (also relativ eng) in einem Kreis auf. Dann machen alle einen Schritt mittlerer Größe nach außen, sodass jetzt ein größerer, ebenfalls konzentrischer Kreis entsteht.
Ziel der Übung ist es, dass am Ende wieder alle in der Ausgangsposition (Schulter an Schulter) stehen. Es gibt drei Regeln für den Schritt hinein in den Ausgangskreis:

Foto: Stefan Schöttl

1. Es darf jeweils nur eine Person einen Schritt in die Mitte gehen, niemals zwei zur gleichen Zeit. Bewegen sich zwei Personen zugleich, stellen sich alle wieder im großen Kreis auf.
2. Alle Personen richten während der Übung ihre Blicke auf den Boden. Sie dürfen weder miteinander sprechen noch sich in die Augen schauen.
3. Die Gruppe darf sich vor und während der Übung nicht absprechen und die Übung nicht einfach der Reihe bzw. einem System nach durchführen.

Normalerweise braucht eine Gruppe mehrere Anläufe, um die Aufgabe zu meistern. Der / Die BegleiterIn gibt bei jedem neuen Versuch das Signal zum Starten.

Variante

Countdown: Die TeilnehmerInnen stehen mit geschlossenen Augen im Kreis und haben die Aufgabe, gemeinsam entweder von 15 bis 0 oder von 0 bis 15 zu zählen.
Als Regeln gelten: Das Zählen in der Gruppe darf weder nach einem System noch nach Absprache noch der Reihe nach durchgeführt werden. Weiters ist nicht erlaubt, dass zwei Personen gleichzeitig dieselbe Zahl nennen.

Tipps/Achtung

Wenn die Übung nicht gelingt, kann der Gruppe der Tipp gegeben werden, langsamer zu handeln bzw. der/die BegleiterIn drückt auch einmal alle „Hühneraugen" zu.

Infobox

Dauer 10 min
Alter 12 – 13 – 14 – 15 – 16 – 17
Vorbereitung *
Material keines

Film/Foto

behelf.firmung.at/3303

2. MAHLZEIT UND THAI-SCHREI

Grundsätzliches

Nicht umsonst hat Jesus immer wieder mit verschiedenen Menschen gegessen! Essen verbindet, schafft eine Atmosphäre, in der ungezwungen das Treffen abgeschlossen werden kann.

Beschreibung

Wir beenden das Treffen mit einer gemeinsamen Jause. Jede/r kann durch ein „Mitbringsel" etwas zum gemeinsamen Essen beitragen.
Den Schlusspunkt der Stunde bildet dann der Thai-Schrei, um noch einmal die ganze Gruppenenergie zu bündeln.
Die Gruppe steht im Kreis. Gemeinsam dreimal tief einatmen und ausatmen, beim dritten Mal Ausatmen mit einem Schritt und einem lauten „Thai" in die Mitte.
(Kann auch ein Hey oder Ho sein)

Infobox

Dauer 30–45 min
Alter 12 – 13 – 14 – 15 – 16 – 17
Vorbereitung *
Material Jause

Film/Foto

behelf.firmung.at/1370

3. LITURGISCHER ABSCHLUSS: SONNENWÜNSCHE

Grundsätzliches

Einfacher und stimmungsvoller Abschluss

Beschreibung

Um eine brennende Kerze (oder um das gerade entstandene Gruppensymbol) legt der/die FirmbegleiterIn Sonnenstrahlen auf, auf deren Rückseite Wünsche für die Jugendlichen stehen.
Anschließend liest der/die FirmbegleiterIn die Bibelstelle vom Licht der Welt und Salz der Erde vor (Mt 5,13–16). Mit der Deutung, dass wir alle Licht für unsere Mitmenschen und Umwelt sind und dass Gott uns mit seiner Liebe für diese Aufgabe stärkt, werden die Firmlinge

eingeladen, sich einen Sonnenstrahl, eine Zusage Gottes, aus der Mitte zu nehmen.
Wer will, kann den Text, den Wunsch auch der Gruppe vorlesen.

Infobox

Dauer 15 min
Alter 12 – 13 – 14 – 15 – 16 – 17
Vorbereitung * *
Material Sonnenstrahlen mit Zusprüchen, Bibel, Kerze

Foto: Istockphoto.com

ABLAUFVARIANTEN

MODELL 1
- Viele, viele bunte Smarties
- Moonbase
- Mahlzeit und Thai-Schrei

MODELL 2
- Aufstellung
- Wunschbaum und Mistkübel
- Variante Moonbase: Gruppenregeln
- Schrittkreis

MODELL 3
- Zwei wahr, eins gelogen
- Variante Moonbase: Gruppenregeln
- Symbolspaziergang
- Sonnenwünsche

WEITERE ÜBUNGEN IM WEB

Zusatz

behelf.firmung.at/4189

K2

Leben in Beziehungen

Am Du zum Ich werden

Gestern wollte ich mich selber besuchen,
leider war ich nicht daheim.

Karl Valentin

K2 – LEBEN IN BEZIEHUNGEN

Warum wird eine ganze Einheit in der Firmvorbereitung dem Thema „Beziehungen" gewidmet?

Um überhaupt eine Gottesbeziehung aufbauen zu können, brauchen wir die Erfahrung von gelingenden, liebevollen Beziehungen unter uns Menschen. Gerade in Beziehungen zu anderen können wir den Geist Gottes erfahren.

Im Jugendalter wird diese Beziehung zu anderen neu erlebt. Jugendliche stellen sich Fragen wie: Wer bin ich? An welchen Vorbildern orientiere ich mich? Und besonders: Wie sehen mich die anderen?

FirmbegleiterInnen können ihnen in dieser Zeit zusprechen:

„So wie du bist, hat Gott dich gewollt, bist du o. k." So können Jugendliche stark fürs Leben und für Beziehungen werden.

Reflexionsfragen

- **Wie lange hältst du es alleine aus?**
- **Was macht dich zu einem guten Freund/ einer guten Freundin?**
- **Wie wichtig ist es dir, wie andere dich sehen?**
- **Hast du dir schon einmal Gedanken über deine Gottesebenbildlichkeit gemacht?**

EINSTIEG

In der Anfangsphase geht es um ein behutsames Hinführen an die Themen „Nähe und Distanz", „Selbst- und Fremdwahrnehmung", „Offenheit und Bei-sich-Bleiben".

1. SCHATTENGEHEN

Grundsätzliches

Diese auflockernde Übung schafft rasch Beziehungsbrücken. Sie ist zudem ein guter Einstieg in die weiterführenden Vertrauensübungen dieses Kapitels.

Beschreibung

Es werden Zweiergruppen gebildet. Ein/e Jugendliche/r folgt einem/r anderen in exakt derselben Art, Bewegung, Schnelligkeit ... Nach ca. 2–3 Minuten kommt es zum Wechsel. Anschließend werden die Paare noch einmal neu gemischt.
Im Anschluss an die Übung tauschen sich die Jugendlichen zuerst untereinander und dann im Plenum über ihre Erfahrungen aus.

Reflexionsfragen

- Was war herausfordernd an der Übung?
- Was hat dir gut getan? Was hat zum Gelingen beigetragen?
- Kennst du ähnliche Situationen aus deinem Leben? Welche?

Tipps/Achtung

Auf Freiwilligkeit achten!

Infobox

Dauer 10–15 min
Alter 12 – 13 – 14 – 15 – 16 – 17
Vorbereitung *
Material keines

2. GUMMIBÄRCHENSPIEL

Grundsätzliches

Eine spielerische, niederschwellige Form, sich der eigenen Person anzunähern und gleichzeitig etwas von sich zu erzählen.

Beschreibung

Jeder Firmling sucht sich eine Spielfigur aus und stellt die Spielfigur auf ein beliebiges Feld eines Spielfeldes (siehe Material). Nun wird reihum gewürfelt und die Figuren der Würfelaugenzahl gemäß weitergerückt. Kommt die Spielfigur auf einem Feld zu stehen, auf dem bereits eine Figur steht, so zieht jene/r SpielerIn, die gewürfelt hat, eine Fragekarte und befragt den/die SpielerIn der benachbarten Spielfigur (Beispielfragen: Was ist dir in einer Freundschaft besonders wichtig? Was ist dein Lieblingsessen? Was findest du schön an dir, an deinem Körper?)

Foto: MAK – Fotolia.com

Die Person, die die Frage beantwortet hat, erhält für die Antwort ein Gummibärchen. Stehen mehrere SpielerInnen auf einem Feld, dann wird dieselbe Frage allen gestellt. Wird eine Sechs gewürfelt, darf die Person, die gewürfelt hat, eine Fragekarte ziehen und ein beliebiges Gruppenmitglied befragen.
Wenn die Lust ausgeht oder die Packung leer ist, dann ist auch das Spiel zu Ende.

Tipps/Achtung

Will ein Firmling eine Frage nicht beantworten, ist das zu respektieren und er/sie bekommt kein Gummibärchen.

Infobox

Dauer 15 min
Alter 12 – 13 – 14 – 15 – 16 – 17
Vorbereitung * *
Material ein selbst entworfenes Spielbrett oder z. B. die Vorlage von „Fang den Hut", „Mensch ärgere dich nicht"; Kopiervorlagen im Kärtchenformat finden sich im Web, Spielfiguren, Würfel und ... ein Päckchen Gummibärchen

Ergänzendes Material

behelf.firmung.at/9085

3. GESICHT MALEN

Grundsätzliches

Auflockernde, einfache und sehr humorvolle Übung zur Kontaktaufnahme und spielerische Vorübung zu Selbst- und Fremdwahrnehmung.

Beschreibung

Die Firmlinge sitzen sich paarweise gegenüber. Jede/r bekommt ein A4-Blatt sowie einen Flipchartschreiber oder Filzstift und kniet sich hinter ihren/seinen Sessel (Sessel unbedingt mit Lehne).
Mit einer Hand wird das Papier an der Sessellehne oben festgehalten, die andere ist frei zum Zeichnen. Die Firmlinge sehen nicht auf das (eigene) Blatt.
Dann kommt vom/von der BegleiterIn die Anweisung, das linke Ohr zu malen, den Mund, das rechte Auge ... (die einzelnen Gesichtsteile werden durcheinander angekündigt) der/s gegenüberknienden Jugendlichen zu zeichnen, bis alle Teile des Gesichts gemalt sind (Umriss, Haare ...). Bei der ganzen Aktion dürfen die Zeichnenden nicht auf das Papier sehen.

Foto: Stefan Schöttl

Am Ende werden die Bilder feierlich als Geschenk überreicht und als Galerie an die Wand gehängt.

Infobox

Dauer bis 10 min
Alter 12 – 13 – 14 – 15 – 16 – 17
Vorbereitung *
Material A4-Blätter; Flipchartschreiber bzw. Filzstifte, Sessel mit Lehne

Film/Foto

behelf.firmung.at/2481

VERTIEFUNG

Durch die Übungen der Vertiefungsphase setzen sich die Jugendlichen intensiver mit ihrer eigenen Person sowie mit ihrer Rolle in einer Gruppe auseinander. Sie dürfen durchaus am Lack kratzen.

1. LABYRINTH „MEDITATION“

Grundsätzliches

Das Labyrinth ist ein Symbol des menschlichen Lebensweges: Dem verschlungenen Weg des Labyrinths zu folgen hilft, die eine oder andere Seite des eigenen Lebensweges zu entdecken. Bei dieser speziellen Übung wird der Schwerpunkt auf die Begegnungen mit Menschen und die Beziehungen zu ihnen gelegt.

Beschreibung

Das Bild vom Labyrinth für alle (A4) ausdrucken. Als Einstieg kann man den Weg zur Mitte nachfahren, dann wird der Meditationstext (siehe unten) vorgelesen, eventuell mit leiser Musikuntermalung.
An „besonderen“ Momenten ihres Lebens können die Firmlinge Symbole, die positive sowie negative Ereignisse in ihrem Leben darstellen, in ihren Lebensweg einzeichnen. Das Labyrinth kann zudem bemalt und gestaltet werden.

- Highlight/tolle Erlebnisse/Menschen, mit denen mich viel verbindet
- Begegnungen mit Menschen, die mich beeindruckt, geführt, gestärkt haben
- Belastende Momente in meinem Leben

Im anschließenden Austausch stellt jede/r sein/ihr Kunstwerk der Gruppe vor. Die Symbole dienen als „Gesprächshilfen“, zwingen aber niemanden, mehr zu erzählen, als freiwillig gewollt wird.

Meditationstext

Es gibt nur einen kleinen Eingang ins Labyrinth. Wenn ich hineingehe, mich auf den Weg zur Mitte einlasse, geht es immer weiter. Manchmal bin ich der Mitte ganz nahe, dann führt mein Weg wieder nach außen, scheinbar weg vom Ziel. Aber wenn ich geduldig weitergehe, komme ich an. Es gibt keine Irrwege; scheinbare Umwege bringen mich doch vorwärts, ans Ziel. Ich bin unterwegs auf meinem Lebensweg …
Wohin will ich denn? Welches sind Lebensziele für mich, für die es sich zu leben lohnt? Welches Ziel verfolge ich gerade jetzt? Was ist meine Mitte?

Foto: Hannes Wechner

Variante

Wer ein Labyrinth in seiner Nähe hat bzw. selbst eines legen will, kann diese Übung auch im Freien bzw. in einem größeren Raum durchführen. In diesem Fall werden den Firmlingen Kopien mit den Symbolen mit auf den Weg gegeben.

Tipps/Achtung

Ein Labyrinth selbst zu bauen, erfordert einiges an Zeit.

Infobox

Dauer 30–40 min
Alter 12 – 13 – 14 – 15 – 16 – 17
Vorbereitung * *
Material Labyrinthvorlagen, Malstifte

Ergänzendes Material

behelf.firmung.at/1762

2. PAPIERSACK-ICH

Grundsätzliches

Wie präsentiere ich mich nach außen? Was behalte ich für mich oder teile ich nur mit sehr vertrauten Menschen?
Mit diesen Fragen beschäftigen sich die Firmlinge auf kreative Art und Weise.

Beschreibung

Jede/r erhält einen unbedruckten Papiersack und stellt sich vor, die Außenseite sei jene Seite der eigenen Person, die für andere sichtbar ist. Die Innenseite stellt den nicht sichtbaren Teil der eigenen Person dar, den kaum jemand sieht und kennt.
Mit Bildern, Worten ... gestalten, dekorieren alle zuerst die eigene Außenseite: So sehen mich die Leute bzw. das zeige ich nach außen hin; so stelle ich mich anderen gegenüber dar ... bzw. so verhalte ich mich nach außen z. B. zu Kirche und Glaube ...
In den Sack hinein werden symbolische Dinge geklebt oder gemalt, die dem inneren Wesen, den eigenen Sehnsüchten, Wünschen und Gefühlen in Bezug auf mich, meine Lebenswelten (Familie, Freunde, Glaube ...) entsprechen.
Die „Tiefe" des Papiersacks zeigt symbolisch die „tief und verborgen" liegenden Dinge. Jede/r gestaltet den Papiersack für sich persönlich.

Tipps/Achtung

Intimsphäre unbedingt wahren!

Infobox

Dauer 15 min
Alter 12 – 13 – 14 – 15 – 16 – 17
Vorbereitung *
Material Farben, Scheren, Schreibzeug, Uhu-Klebstoff, Papiersäcke

3. TEAMSTAB

Grundsätzliches

Zusammenarbeit, aufeinander achten – in dieser Übung wird deutlich, wie wichtig das für die Bewältigung von gemeinsamen Aufgaben ist. „Einzelkämpfertum" ist hier nicht gefragt.

Beschreibung

Die Gruppe teilt sich in zwei gleich große Gruppen. Beide Gruppen stehen sich mit dem Gesicht zugewandt gegenüber, dann strecken alle die Hände bzw. die Zeigefinger aus, so dass alle Finger (im Reißverschluss-system) eine Reihe bilden.
Über diese Fingerreihe wird ein Stab gelegt (Bambusstock, Besenstiel, Zollstock ...). Die Aufgabe besteht nun darin, den Stock gemeinsam bis auf den Boden abzusenken. Dabei darf kein Finger den Kontakt zum Stab verlieren.
Dass die Übung auf Anhieb klappt, ist sehr unwahrscheinlich. Das Bemühen, den Kontakt zum Stab nicht zu verlieren, führt dazu, dass der Stab statt nach unten eher nach oben wandert.
Schuldzuweisungen wie „Ihr da drüben seid schuld" sind oft die Folge.
Hier besteht nun die Möglichkeit, einzuhaken und über die Dynamik in der Gruppe zu reden. Was bringt uns als Team weiter? Was war hinderlich?
Bei dieser Übung ist es wichtig, die Verantwortung aller zu betonen.

Variante

Die Gruppe bekommt die Aufgabe gestellt, anschließend wird eine Beratungszeit gewährt. Sobald der Stab die Finger berührt, darf nicht mehr gesprochen werden.

Tipp/Achtung

Sehr oft scheitert die Gruppe bei den ersten Anläufen.

- Hier ist es zweckmäßig, zu unterbrechen und mit der Gruppe gemeinsam nach Möglichkeiten zu suchen, die zum Gelingen der Übung führen.
- Der/die BegleiterIn kann auch unterstützend tätig sein, indem er/sie auf den Stab einen leichten Druck nach unten ausübt.
- Die Firmlinge knien sich nieder. Anschließend wird der Stab auf die Finger gelegt.

Infobox

Dauer 15–30 min
Alter 12 – 13 – 14 – 15 – 16 – 17
Vorbereitung *
Material Stab, Besenstiel

Film/Foto

behelf.firmung.at/6359

Foto: Stefan Schöttl

4. KARITATIVE PROJEKTE

Grundsätzliches

Ein Besuch in einer karitativen Einrichtung in der Umgebung z. B. für AsylwerberInnen, Obdachlose, behinderte Menschen, Weltläden kann einmal nicht sofort unter dem Aspekt des Helfens stattfinden, sondern um wahrzunehmen, was das Leben für diese Menschen lebenswert macht oder machen könnte. Es geht um Ermutigung, das Leben zu lieben, auch wenn es „kein Ponyhof" ist, und zu sehen, wo die Firmlinge einen Beitrag leisten können, um die Welt ein bisschen lebenswerter zu machen.

Beschreibung

Organisation eines Besuches in einer karitativen Einrichtung in der näheren Umgebung. Die Betreiber können meist auch Tipps und Methoden nennen zur sinnvollen Vorbereitung der Firmlinge.
Ein anschließendes Projekt für die betreffende Einrichtung wie ein Flohmarkt, Kuchenverkauf oder Mithilfe vor Ort runden dies ab.

Reflexionsfragen

- Welchen Eindruck habt ihr?
- Können diese Menschen sich freuen?
- Empfinden die Menschen ihr Leben als lebenswert, hängen sie am Leben?
- Woran könnte das liegen?
- Wer oder was hilft den Menschen?

Tipps/Achtung

Diese Übung ist nur dann zielführend, wenn man als FirmbegleiterIn der Einrichtung positiv gegenübersteht.

Infobox

Dauer 2–4 h
Alter 12 – 13 – 14 – 15 – 16 – 17
Vorbereitung * * * *
Material von Institution zu Institution verschieden

ABSCHLUSS

Die Abschlussphase ist geprägt von kleinen Ritualen, die Beziehungen nicht analysieren, sondern in ihrer Tiefe angenehm spüren lassen.

1. PUZZLE-BRIEF

Grundsätzliches

Diese Übung regt die Jugendlichen an, sich ihrer wertvollen Beziehungen bewusst zu werden und das auch zum Ausdruck zu bringen.

Foto: Hannes Wechner

Beschreibung

Die Firmlinge verfassen einen Brief an jemanden, der ihnen viel bedeutet (FreundIn, PatIn, Verwandte ...); sie erzählen, was ihnen an dieser Beziehung wichtig ist, was sie ihnen bedeutet. Geschrieben wird dies auf einem sogenannten Puzzle-Brief ➜ Firmbox die vorgestanzten Teile werden nach dem Beschreiben zerlegt und in einem Kuvert verschickt oder persönlich überreicht. Der Adressat „puzzelt" den Brief dann wieder zusammen, was die Vorfreude auf den Inhalt erhöht.

Infobox

Dauer 20 min
Alter 12 – 13 – 14 – 15 – 16 – 17
Vorbereitung *
Material Puzzle-Brief
Firmbox ❶ **PUZZLE-BRIEF**
(Mit Kuvert)

2. „ICH HABE DICH IN MEINE HAND GESCHRIEBEN ..."

Grundsätzliches

Gottes Zusage, den Firmling nie allein zu lassen, soll in einer kurzen liturgischen Feier spürbar werden.

Beschreibung

Einstieg mit Lied: „He's got the whole world in his hand"
Bibelstelle: Jes 49,15: „Kann denn eine Frau ihr Kindlein vergessen, / eine Mutter ihren leiblichen Sohn? Und selbst wenn sie ihn vergessen würde: / ich vergesse dich nicht. Sieh her: Ich habe dich eingezeichnet in meine Hände."
Aktion: Die Firmlinge zeichnen eine Hand (sie können auch die Umrisse ihrer eigenen nachfahren) und schreiben den Satz „Ich habe dich in meine Hand geschrieben" in die Mitte und den eigenen Namen dazu. Das Blatt wird weitergereicht und jedes Mitglied der Firmgruppe unterschreibt auf jedem Blatt.
Bitten/Danken mit Weihrauchkorn: Für gute Beziehungen wird ein Weihrauchkorn aufgelegt (mit Erklärung oder schweigend)
Abschluss: Vaterunser, Segen

Infobox

Dauer 20 min
Alter 12 – 13 – 14 – 15 – 16 – 17
Vorbereitung * *
Material Bibelstelle Jes 49,15, Blätter, Stifte, Liedkopien, Weihrauchkörner und -pfanne, Räucherkohle

3. RÜCKEN STÄRKEN

Grundsätzliches

Sich gegenseitig Gutes zusagen, von anderen positive Seiten der eigenen Persönlichkeit zu hören, tut gut und macht stark.

Beschreibung

Jede/r Jugendliche bekommt ein Blatt mit seinem/ihrem Namen auf den Rücken geklebt. Zu Musik bewegen sich die Firmlinge durch den Raum und schreiben dabei den anderen etwas auf ihr Blatt, was sie gut an ihnen finden.

Tipps/Achtung

Wichtig ist, deutlich darauf hinzuweisen, dass dabei nicht geblödelt wird bzw. keine negativen oder beleidigenden Dinge auf die Blätter geschrieben werden.

Infobox

Dauer 10 min
Alter 12 – 13 – 14 – 15 – 16 – 17
Vorbereitung * *
Material Blätter, Kleber, Stifte, Musik-CD

ABLAUFVARIANTEN

MODELL 1

- Gesicht malen
- Papiersack-Ich
- Rücken stärken
- „Ich habe dich in meine Hand geschrieben"

MODELL 2

- Schattengehen
- Labyrinth begehen (siehe Variante Labyrinth-Übung)
- „Ich habe dich in meine Hand geschrieben"

MODELL 3

- Gummibärchenspiel
- Teamstab
- Puzzle-Brief

WEITERE ÜBUNGEN IM WEB

Zusatz

behelf.firmung.at/9148

K3

Oh (m)ein Gott!

Abschied vom kindlichen Gottesbild

„Gott sei Dank gibt es das nicht, was sich 80 % aller Katholiken unter Gott vorstellen!“

Karl Rahner

K3 – OH (M)EIN GOTT!

Der alte Mann mit weißem Bart oder ähnliche Gottesbilder werden in der Pubertät häufig fragwürdig, sie werden in einer Reihe mit dem Weihnachtsmann, dem Osterhasen und dem Märchenprinzen gesehen und häufig als „Kinderdenken" über Bord geworfen. In dieser Phase ist es wichtig, den Jugendlichen neue Gottesbilder anzubieten, damit ihre Vorstellungen sozusagen mitwachsen können.

Reflexionsfragen

- **Wie habe ich mir Gott als Kind vorgestellt?**
- **Wie hat sich meine Gottesvorstellung seit damals verändert?**
- **Wer oder was hat mein Gottesbild geprägt?**
- **Gab es Situationen, in denen ich an der Existenz Gottes gezweifelt habe?**
- **Wie gehe ich mit anderen Gottesvorstellungen um?**

Gerade wenn ich mich an meine Zweifel erinnere, kann ich Jugendliche in ihrem Zweifeln an Gott verstehen. Deine Lebenskompetenz macht dich zu einem/einer guten BegleiterIn für junge Menschen.

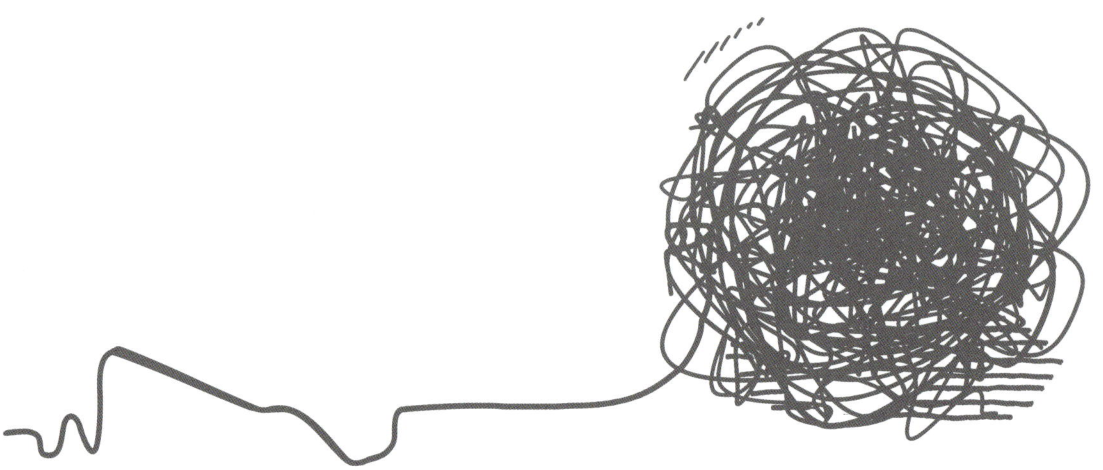

EINSTIEG

In der Kindheit ist Gott einfach Gott, die dahinter stehenden Bilder werden nicht hinterfragt. Mit Beginn der Pubertät ändert sich das oft und das ist gut so, Gottesbilder müssen „mitwachsen“. Folgende Methoden unterstützen diesen Prozess.

1. EIN BILD IST NUR EIN BILD

Grundsätzliches

Erwachsenen ist meist bewusst, dass Vorstellungen bzw. Bilder von Gott kein Abbild desselben sind, da Gott nie gänzlich erfassbar oder beschreibbar ist. Den Jugendlichen kann dies mit der folgenden Methode deutlich gemacht werden.

Beschreibung

Die Firmlinge bekommen den Auftrag, sich bequem hinzusetzen, die Augen zu schließen und sich anhand einiger Impulsfragen einen Baum vorzustellen:

- Steht dein Baum in einem Garten, im Park, im Wald, am Rande eines Feldes?
- Welche Art Baum ist es: eine Buche, eine Birke, eine Fichte?
- Ist es ein junger Baum mit glatter Rinde und zarten Ästen, oder ein alter, knorriger Baum mit mächtiger Krone?
- Wie tief und kräftig sind die Wurzeln?
- Siehst du oder hörst du Tiere in deinem Baum? Vögel, Eichkätzchen, Käfer?

Reflexion

Dann erhalten die Firmlinge ein weißes Blatt Papier, sie sollen ihren Baum darstellen.

- Anschließend werden die Bäume aufgelegt und miteinander verglichen.

Foto: Petra Hillebrand

- Wir verstehen alle den Begriff „Baum“ und doch stehen verschiedene Vorstellungen dahinter, wie man an euren Bildern sieht.
- Inwiefern ist dies bei unseren Vorstellungen von Gott ähnlich?
- Wo passt der Vergleich nicht mehr?

Tipps/Achtung

Manche Firmlinge haben das Gefühl, nicht zeichnen zu können, haben Scheu davor. Es geht bei dieser Übung nicht um einen künstlerischen Anspruch; die Firmlinge sollen einfach drauflosmalen, ohne Druck!

Infobox

Dauer 30 min

Alter 12 – 13 – 14 – 15 – 16 – 17

Vorbereitung *

Material Zeichenblätter, Farben, eventuell ruhige Musik und Sitzkissen beziehungsweise Matten

2. GOTT IN DEN MEDIEN

Grundsätzliches

Die Firmlinge erleben Darstellungen und Beschreibungen von Gott heute öfter in Filmen, Büchern, Songs etc. als in der Kirche oder in der Bibel. Es liegt daher nahe, bei den von den Medien vermittelten Gottesbildern in das Reden über Gott einzusteigen und diese kritisch zu hinterfragen.

Beschreibung

Aus nachstehenden Filmen, Serien, Songs oder Büchern einen, max. zwei Ausschnitte auswählen und den Firmlingen vorstellen.

- **Bruce allmächtig:** Gott als alter, schwarzer Mann, der in erster Linie Wunder vollbringt.
- **Ausschnitt aus den Simpsons:** z. B. Gott lebt in einem Himmel, der praktisch nur irdische, materialistische Freuden bietet. Nur für ältere Firmlinge zu empfehlen, da die Ironie erst ab einer gewissen Reife verständlich ist.
- Song von Joan Osborne **„What if God was one of us“**
  Gott begegnet uns im Mitmenschen, ist aber auch großartig und gut. Die deutsche Übersetzung, die am besten im Anschluss an den Song vorgelesen wird, findet sich im Web.
- Buch: **David Safier, Jesus liebt mich**, rororo Taschenbuchausgabe, S. 238 unten bis S. 242 Mitte.
  Gott erscheint im brennenden Dornbusch und verwandelt sich dann in eine Frau, die beim Tee mit der Hauptfigur plaudert.

Reflexionsfragen

Im Anschluss an die Filmtrailer oder Buchausschnitte:

- Woher kommt diese Darstellung Gottes, von wo wurde sie übernommen?
- Wie findest du sie?
- Was ist gut an diesem Gottesbild, wo könnte man auch Kritik anbringen?

Tipps/Achtung

Je nach Auswahl eher für ältere Firmlinge zu empfehlen

Infobox

Dauer 20 min
Alter 12 - 13 - 14 - 15 - 16 - 17
Vorbereitung * *
Material DVD; Internetzugang, CD-Player oder Buch

Ergänzendes Material

behelf.firmung.at/6242

3. SYMBOLSPAZIERGANG ZU GOTT

Grundsätzliches

Eine tiefgehende Methode, die oft überraschende Gottesbilder ans Licht bringt, weil sich Firmlinge gegenseitig neue Zugänge zu Gott eröffnen.

Beschreibung

Jugendliche machen einen Spaziergang in der Natur/in der Stadt und bringen von diesem ein Symbol für Gott mit, die Symbole werden auf ein Tuch aufgelegt und kurz erklärt, ohne dass sie kommentiert oder kritisiert werden.

Variante

Jugendliche machen mit ihren Handys Fotos von Symbolen, die für sie für Gott stehen. Diese Bilder können in der Kirche, im Pfarrheim ... ausgestellt werden.

Foto: Stefan Schöttl

Natürlich gibt es auch Vorstellungen von Gott, die weit vom christlichen entfernt sind und nicht lebensförderlich, sondern lebensfeindlich sind: der himmlische Polizist, der reine „Aufputzgott" für Familienfeiern, der Kriegsgott. Aus Platzgründen kann an dieser Stelle nicht näher darauf eingegangen werden.

1. GOTTESBILDER, DIE TRAGEN

Grundsätzliches

Der Baustein fordert die Firmlinge heraus, aus einer Fülle von Gottesbildern die passendsten Gottesbegriffe zu wählen, sich aber auch auf Vorstellungen anderer einzulassen und sich mit guten Begründungen auf die wichtigsten Bilder zu einigen.

Beschreibung

Pro Firmling werden 60 Kärtchen kopiert, auf denen verschiedene Gottesbegriffe (wie z. B. „guter Hirte", „oberstes Prinzip" oder „der große Regenbogen") stehen, und diese werden ausgeschnitten.
2–4 weiße Kärtchen sind für Gottesbegriffe, die nicht auf den Kärtchen stehen, den Firmlingen aber wichtig sind. In Einzelarbeit entscheiden sich die Jugendlichen für zehn Gottesbegriffe. In einer zweiten Runde müssen sich dann je zwei Firmlinge auf fünf einigen. In einem dritten Durchgang einigen sich alle Firmlinge auf max. drei Begriffe und begründen anschließend ihre Auswahl.

Tipps/Achtung

Diese Methode setzt ein gewisses Symbolverständnis und Abstraktionsvermögen voraus.

Infobox

Dauer 40 min
Alter 12 - 13 - 14 - 15 - 16 - 17
Vorbereitung *
Material Tuch
Glossar Symbole des Heiligen Geistes

Variante 1

Die Übung kann auch durch eine Erzählung „untermalt" werden.
„Ihr seid in der Wüste unterwegs, euer Gepäck ist zu schwer für 60 Gottesbegriffe – welche sollten dabei sein, welche braucht

VERTIEFUNG

Nachdem in einer ersten Phase die Bruchstückhaftigkeit der Gottesbilder thematisiert wurde, geht es in den Methoden der Vertiefung darum, die Vielfalt der Bilder zu erfahren und persönliche neue Zugänge zu Gott zu finden.

ihr noch? (einigen auf 10 Begriffe). Die Wüste führt zu einem hohen Gebirge, auch hier müsst ihr Gepäck ablegen (einigen auf fünf Begriffe). Was hilft euch weiter? Zum Schluss erreicht ihr einen Fluss, den ihr mit einem Boot befahren könnt, aber auch hier könnt ihr nicht das ganze Gepäck mitnehmen, ihr müsst euch von zwei weiteren Gottesbezeichnungen trennen. Drei bleiben übrig, die von den Firmlingen begründet werden sollen.

Variante 2

Für diese Übung können auch die 99 Namen Gottes im Islam verwendet werden, am besten in männlicher und weiblicher Form, da Allah im Islam weder männlich noch weiblich ist (es gibt auch keine Mehrzahl).

Tipps/Achtung

Es geht hier gerade nicht um „richtig" oder „falsch", sondern um die Diskussion, die sich ergibt.

Infobox

Dauer 30 min
Alter 12 – 13 – 14 – 15 – 16 – 17
Vorbereitung * *
Material Kärtchen mit Gottesbildern im Web zum Ausdrucken und Ausschneiden

Ergänzendes Material

behelf.firmung.at/8415

2. AUSEINANDERSETZUNG MIT WEIBLICHEN GOTTESBILDERN

Grundsätzliches

Weibliche Gottesbilder hinterfragen am radikalsten die bekannten und bei uns geläufigen Gottesbilder. Ziel der Übung ist es, den Reichtum der Bilder von Gott aufzuzeigen und die gängigen, oft eindimensionalen Vorstellungen zu hinterfragen bzw. zu erweitern. Eine neue Sicht auf Gott kann dadurch erschlossen werden.
Besonders Mädchen kann diese Übung helfen, ihre Gottesebenbildlichkeit zu entdecken.

Beschreibung

Einstieg mit der Erzählung **Mit Gott zu Mittag gegessen ...**
Es war einmal ein kleiner Junge, der unbedingt Gott treffen wollte. Er war sich darüber bewusst, dass der Weg zu dem Ort, an dem Gott lebte, ein sehr langer war. Also packte er sich einen Rucksack voll mit einigen Limodosen und mehreren Schokoladenriegeln und machte sich auf die Reise. Er lief eine ganze Weile und kam in einen kleinen Park. Dort sah er eine alte Frau, die auf einer Bank saß und den Tauben zuschaute, die vor ihr nach Futter auf dem Boden suchten. Der kleine Junge setzte sich zu der Frau auf die Bank und öffnete seinen Rucksack. Er wollte sich gerade eine Limo herausholen, als er den hungrigen Blick der alten Frau sah. Also griff er zu einem Schokoriegel und reichte ihn der Frau. Dankbar nahm sie die Süßigkeit und lächelte ihn an. Und es war ein wundervolles Lächeln! Der kleine Junge wollte dieses Lächeln noch einmal sehen und bot ihr auch eine Limonade an. Und sie nahm diese und lächelte wieder – noch strahlender als zuvor. Der kleine Junge war selig. Die beiden saßen den ganzen Nachmittag lang auf der Bank im Park, aßen

Schokoriegel und tranken Limos – aber sprachen kein Wort. Als es dunkel wurde, spürte der Junge, wie müde er war und er beschloss, zurück nach Hause zu gehen. Nach einigen Schritten hielt er inne und drehte sich um. Er ging zurück zu der Frau und umarmte sie. Die alte Frau schenkte ihm dafür ihr allerschönstes Lächeln. Zu Hause sah seine Mutter die Freude auf seinem Gesicht und fragte: „Was hast du denn heute Schönes gemacht, dass du so fröhlich aussiehst?" Und der kleine Junge antwortete: „Ich habe mit Gott zu Mittag gegessen – und sie hat ein wundervolles Lächeln!" Auch die alte Frau war nach Hause gegangen, wo ihr Sohn schon auf sie wartete. Auch er fragte sie, warum sie so fröhlich aussah. Und sie antwortete: „Ich habe mit Gott zu Mittag gegessen – und er ist viel jünger, als ich gedacht habe." Quelle: unbekannt

Lk 13,34 – Gott ist wie eine Henne

Foto: Hannes Wechner

Vertiefung

Nach einem kurzen Austausch über die weibliche Seite Gottes wird diese durch eine „Vier-Ecken-Übung" vertieft:
In jede Ecke des Raumes werden Texte mit weiblichen biblischen Gottesbildern und entsprechende Symbole gelegt. Die Firmlinge machen einen Rundgang durchs Zimmer (möglichst in Stille) und entscheiden sich dann für den Text, der ihnen am besten gefällt. Sie können sich in ihrer Ecke untereinander austauschen, was sie zur Wahl bewogen hat.

Reflexionsfragen

Wenn alle ihren Platz gefunden haben:

- Warum hast du dich für diese Ecke entschieden?
- Warum ist diese Ecke frei geblieben?
- Wie schwer war es, sich Gott weiblich vorzustellen?
- Habt ihr gewusst, dass es in der Bibel auch viele weibliche Bilder für Gott gibt?

Bibeltexte

Lk 13,20–21: Gott als Bäckerin
Symbol: Backzutaten – Brötchen

Hos 13,8: Gott ist wie eine Bärenmutter, die ihre Jungen verteidigt.
Symbol: Plastikbärenfiguren – eine größere und zwei, drei kleinere

Lk 13,34: Gott ist wie „eine Henne, die ihre Küken unter ihre Flügel nimmt".
Symbole: Henne – (Vogel-)Nest und Flügel (zur Weihnachtszeit in verschiedensten Größen erhältlich)

Lk 15,8–10: Gott sucht den Menschen wie eine Hausfrau, die unermüdlich eine verlorene kleine Münze, eine Drachme, sucht.
Symbole: Taschenlampe und Münze

Jes 66,13: Wie jemanden, den seine Mutter tröstet, „so will ich euch trösten".
Symbole: Taschentücher, Pflaster ...

Ez 37,14: Gottes Geistin (= hebräisch „ruach" in weiblicher Form! also richtig mit Geistin übersetzt) erweckt Totengebeine zu neuem Leben.
Symbole: Bild von Friedhof oder Gräbern oder Erde in einer kleinen Schale mit einem Grablicht und eventuell kleiner Schaufel

Variante

Bei großem Interesse kann auch noch die biblische Erzählung vom barmherzigen Vater (verlorener Sohn) Lk 15,11–32 in eine weibliche Form umgeschrieben werden (Barmherzige Mutter und ihre Töchter!) Wie unterschiedlich wirkt diese Variante auf uns?

Infobox

Dauer 50 min
Alter 12 – 13 – 14 – 15 – 16 – 17
Vorbereitung * * *
Material Backzutaten, Plastikbärenfiguren, Vogelnest, Flügel, Grablicht, Taschentücher, Pflaster, Taschenlampe, Münze, Bild Grab
Glossar Ruach, Heilige Geistin

3. JESUSBOX – MENSCHGEWORDENER GOTT

Grundsätzliches

Jesus ist Gott, der uns nahe kommt, der seine Göttlichkeit aufgibt, um unser menschliches Schicksal zu teilen.

Beschreibung

Die Symbole (es müssen nicht alle sein, die unten angeführt sind!) werden verdeckt aufgelegt, entweder in einer Holz- bzw. Papierschachtel, oder sie liegen unter einem großen Tuch. Die TeilnehmerInnen werden eingeladen, sich ein Symbol zu ertasten und es zu erraten. Mit den so erworbenen Symbolen soll eine Verbindung zum Leben Jesu hergestellt werden.

Anschließend wird mit allen Symbolen eine Chronologie des Wirkens Jesu gelegt.
Die Arbeit mit der Jesusbox eignet sich bei größeren Gruppen auch als Gruppenarbeit. Die Ergebnisse werden unterschiedlich sein und können am Ende gut verglichen werden.

Symbole und Bibelstellen – zur Auswahl

Brot	Mk 6,30–44: Speisung der 5000
Hemd	Lk 6,29: Vergebung
Herz	Mt 13,15; Lk 24,13–32: Emmaus
Honig	Mt 3,4: Johannes der Täufer
Kreuz	Mk 15,20–32; Joh 19,16–30: Hinrichtung
Lamm	Lk 15,1–7: Verlorenes Schaf
Münzen	Mt 26,14–16: Verrat durch Judas; Mk 2,14–17: Zöllner; Mk 12,13–17: Kaiserliche Steuer; Mk 12,41–44: Opfer der Witwe
Nägel	Mk 15,20–32: Kreuzigung
Netz	Mt 13,47–50: Gleichnis; Mk 1,16–20: Berufung der Jünger
Öllampe	Lk 11,33–36: Vom Licht und vom Auge
Pflaster/ Mullbinde	Mk 1,40–45: Heilung eines Aussätzigen; Lk 10,25–37: barmherziger Samariter; Joh 11,17–44: Auferweckung von Lazarus
Salbe, Salböl	Mk 14,3–9: Salbung in Betanien; Mk 16,1–8: Am leeren Grab; Lk 7,36–50: Begegnung mit der Sünderin
Salz	Mt 5,13–16; Mk 9,49–50
(Wüsten-)Sand	Mk 1,12–13: Versuchung Jesu
Senfkorn	Mt 13,31–32; Lk 13,18–21: Gleichnis
Stein	Mk 16,1–8: Leeres Grab; Lk 6,47–49: Haus auf dem Felsen; Joh 8,1–11: Jesus und die Ehebrecherin
Strick	Mt 21,1–11: Einzug in Jerusalem; Mk 14,43–52: Gefangennahme Jesu

Stroh	Lk 2,7: Geburt Jesu
Wasser	Mk 1,9–11: Taufe Jesu; Mk 6,45–52: Gang auf Wasser; Mk 15,1–15: Pilatus; Joh 4,1–26: Frau am Jakobsbrunnen; Joh 13,1–20: Fußwaschung
Wein(-krug)	Lk 22,14–23: Das Mahl; Joh 2,1–12: Hochzeit zu Kana
Weizen	Mk 4,1–9: Gleichnis vom Sämann
Windel	Lk 2,7: Geburt Jesu
Würfel	Lk 23,34: Um Jesu Kleider wird das Los geworfen

Tipps/Achtung

Die Übung setzt biblisches Grundwissen voraus – die Auswahl der Gegenstände sollte sich hier an der Gruppe orientieren. Gegenstände, die sich auf unbekanntere Stellen beziehen, wie z. B. die Öllampe, können natürlich auch weggelassen werden.
Was tun, wenn der Gruppe nichts zu den Symbolen einfällt? Wenn man als FirmbegleiterIn das Gefühl hat, die Firmlinge sind nicht sehr bibelfest, kann man Bilder zu den Bibelstellen entweder aus einer Kinderbibel kopieren oder passende Bilder aus dem Internet ausdrucken.

Infobox

Dauer 30 min
Alter 12 – 13 – 14 – 15 – 16 – 17
Vorbereitung * * * * *
Material Symbole aus dem Leben Jesu s. o.

4. INTERVIEWS

Grundsätzliches

Wie kann überzeugender von Gott geredet werden als durch persönliche Erzählungen über Erfahrungen mit Gott? Über die Bedeutung des Glaubens im eigenen Leben? Dass Glaube verschiedene Phasen im Leben – bis hin zum Zweifel – durchläuft, kann am glaubwürdigsten von jemandem beschrieben werden, der das erfahren hat.

Beschreibung

Aus diesem Grund ist es sinnvoll, die Firmlinge in Kleingruppen zu Interviews in der Gemeinde loszuschicken. Nicht nur zu den üblichen „Verdächtigen" wie Pfarrer, PastoralassistentIn etc., sondern auch zur älteren Nachbarin, die regelmäßig zum Gottesdienst geht oder zum/r muslimischen Jugendlichen oder ...
Nach einer kurzen Einheit über Gottesbilder (siehe verschiedene Übungen oben) werden – bei Interesse der Firmlinge – die Interviewfragen selbst erarbeitet.

Mögliche Fragen

- Warst du/waren Sie schon als Kind gläubig?
- Wie hast du dir/Wie haben Sie sich Gott als Kind vorgestellt? Wie jetzt?
- Wer hat dir/Ihnen Gott nähergebracht?

Foto: Lea Jehle

- In welchen Situationen war dir/Ihnen der Glaube besonders wichtig?
- Wie wirkt sich der Glaube in deinem/Ihrem Leben aus?
- Gab es auch Zweifel in deinem/Ihrem Leben?

Variante

Nach dem Interview gestaltet jede Kleingruppe ein kleines Plakat, das das Interview in Stichworten darstellt. In der Mitte des Plakates steht zum Beispiel „Gott ist für mich …"

Variante Glaubenszeugnis geben

Personen, die bereit sind, Glaubenszeugnis zu geben, finden und zu einem Treffen einladen. Die Firmlinge verteilen selbst die Einladungen an Personen, die der/die FirmbegleiterIn oder der/die Firmverantwortliche kennt, und richten auch eine kleine Jause her. Auch hier überlegen sich die Firmlinge noch Fragen an die Gäste.

Tipps/Achtung

Wenn in den Fragen mehr auf den Heiligen Geist eingegangen wird, eignet sich diese Form des Interviews auch für das Kapitel Heiliger Geist.

Infobox

Dauer 2–3 h
Alter 12 – 13 – 14 – 15 – 16 – 17
Vorbereitung * * * *
Material eventuell Jause

ABSCHLUSS

Der Abschlussteil stellt die Firmlinge vor die Herausforderung, ihr eigenes, ganz persönliches Gottesbild genauer anzuschauen, ihre Gottesbeziehung auf spiritueller und nicht nur intellektueller Ebene in den Blick zu nehmen. Die abschließenden Übungen können Jugendlichen somit helfen, in dieser Lebensphase eine lebendige Beziehung zu Gott aufzubauen.

1. LIEBLINGSGOTTESBILDER

Grundsätzliches

In einem abschließenden Teil sollen die „neu gefundenen" Bilder von Gott zu persönlichen Bildern der einzelnen Firmlinge werden.

Beschreibung

Die Jugendlichen entscheiden sich für 1–2 Lieblingsbilder von Gott und schreiben diese in eine Feuerdarstellung – selbst gemalt oder vom/von der FirmbegleiterIn vorbereitet.
Bezug zur Bibelstelle vom brennenden Dornbusch (Exodus 3,2–8) und der Selbstvorstellung Gottes als Jahwe (Ich bin da) herstellen

Variante

Ältere Jugendliche können ihr Bild von Gott zusätzlich in verschiedenen Materialien (Ton, Plastilin, Holz …) umsetzen und sich so eine eigene „Ikone" basteln.
In der Firmbox befindet sich eine „Freundschaftsanfrage-Karte von Gott" ➜ **Firmbox** im Scheckkartenformat, auf deren Rückseite ein Feuer abgebildet ist. Die Firmlinge

schreiben – wie bei der Übung oben – ihre Lieblingsbilder von Gott in die Flammen.

Infobox

Dauer 15 min
Alter 12 – 13 – 14 – 15 – 16 – 17
Vorbereitung * *
Material Scheckkarte, Overheadstifte oder Feuerbild und Stifte
Firmbox 2 FREUNDSCHAFTS-ANFRAGE-KARTE

Foto: KJ Innsbruck

2. BRENNENDER DORNBUSCH

Grundsätzliches

Die Geschichte vom brennenden Dornbusch ist eine zentrale Stelle der Offenbarung Gottes. Zudem kennen die Jugendlichen diese. Daran kann man anknüpfen.

Beschreibung

Die Bibelstelle Ex 3,1–14 wird vorgelesen und die Bibel oder ein Bild des brennenden Dornbusches in die Mitte gelegt. Wie in der Bibelstelle werden die Firmlinge aufgefordert, ihre Schuhe auszuziehen und sie zu positionieren.

Aufträge an die Firmlinge

Je näher an die Bibel du deine Schuhe legst, umso näher fühlst du dich Gott, umso wichtiger ist dir Gott.

- Stimmt es so für mich? Warum?
- Möchte ich an der Position etwas verändern?
- Wie war meine Position vor drei Jahren?
- Wie wird meine Position in drei Jahren sein?

Tipps/Achtung

Es braucht schon ein gewisses Vertrauensverhältnis, damit die Jugendlichen ihre ehrliche Position einnehmen und nicht die, „die sich in der Firmvorbereitung so gehört". Deswegen sollten die Firmlinge in dieser Richtung ermutigt werden und ihre Meinungen dürfen einfach unkommentiert stehen bleiben.

Infobox

Dauer 20 min
Alter 12 – 13 – 14 – 15 – 16 – 17
Vorbereitung *
Material Bibel

3. GOTT, DU BIST FÜR MICH …

Grundsätzliches

Gerade bei diesem Themenbereich legt sich eine kleine liturgische Feier nahe – einfach, schlicht und nicht zu lange!
Im Rahmen einer kurzen Andacht können die Jugendlichen ihre Erfahrungen mit Gott zum Ausdruck bringen.

Beschreibung

Die Firmlinge suchen und entscheiden sich für ein Symbol für Gott (aus der Natur), ein Bild, einen Gegenstand (Foto im Web). Inzwischen gestaltet der/die FirmbegleiterIn eine

Mitte mit Kerze oder Blume und spielt leise Musik.

- Kreuzzeichen, Einleitung
- Kurze Bibelstelle: 1 Kön 19,11–13 (Der Prophet Elija ist auf der Flucht, befindet sich in einer Höhle und erfährt hier die Nähe Gottes.) Weil wir uns von Gott kein Bild machen sollen, müssen wir ihn in immer neuen und anderen Bildern beschreiben.
- Die Firmlinge legen einzeln ihren Gegenstand in die Mitte mit den Worten: „Gott, du bist für mich …" Es macht dabei einen Unterschied, ob die Anrede Gottes mit Du gewählt wird oder die neutrale Formulierung „Gott ist für mich …".
- Nach jedem Satz singt die Gruppe einen kurzen Liedruf wie zum Beispiel „Ubi caritas et amor, Deus ibi est".
- Gemeinsames Vaterunser-Gebet
- Segensgebet

Infobox

Dauer 30–45 min
Alter 12 – 13 – 14 – 15 – 16 – 17
Vorbereitung *
Material Kerze, Blume, Bibel, Symbole für Gott

ABLAUFVARIANTEN

MODELL 1

- Ein Bild ist nur ein Bild (Baum zeichnen)
- Gottesbilder, die tragen
- Weibliche Gottesbilder, mit 4-Ecken-Spiel
- Lieblingsgottesbilder

MODELL 2

- Gott in den Medien
- Interviews
- Austausch über die Interviews anhand der Plakate
- Brennender Dornbusch

MODELL 3

- Symbolspaziergang zu Gott
- Gottesbilder, die tragen
- Jesusbox – menschgewordener Gott
- Gott, du bist für mich …

WEITERE ÜBUNGEN IM WEB

Ergänzendes Material

behelf.firmung.at/1708

Foto: Hannes Wechner

Gott, du bist für mich …

A … der Schöpfer.
B … ein Lebensbuch, da kann ich mehr erfahren.
C … da für Notfälle, wenn's wieder mal brennt.
D … auch Jesus, durch den ich dich kennen lerne.
E … oft ein „Mülleimer", in den ich Ballast einwerfe.
F … immer erreichbar.
G … der, der nicht sofort abrechnet.
H … wie ein Stofftier, an das ich mich kuscheln kann.
I … ein Treibstoff, der mir Kraft gibt.
J … wie eine Brille, die mir hilft, Dinge anders zu sehen.
K … wie ein Rettungsseil, auf das ich mich verlassen kann.
L … ein Tröster und Heiler.

K4

Heiliger Geist

Begleitet, bestärkt und begeistert

Manche scheinen den eigenen Vogel mit dem Heiligen Geist zu verwechseln.

K4 – HEILIGER GEIST

Wenn ich wissen will, wo der Geist Gottes wirkt, muss ich meine Aufmerksamkeit auf das Leben richten. Wo gelingendes Leben ist, dort kann ich auch den Geist Gottes entdecken. Das ist jedoch nicht immer leicht. Von ihm oder von ihr (siehe Kap. 3, die weiblichen Gottesbilder) zu reden, ist nicht einfach. Bilder wie Wind, Feuer, Atem geben einen ersten Anhaltspunkt, der unserem Denken auf die Sprünge helfen kann. Der Heilige Geist ist in der Sprache Gottes der Ausdruck für: „Ich bin bei euch alle Tage bis ans Ende der Welt." In der Apostelgeschichte wird allen Menschen eine Geistbegabung zugesprochen. Jede/r von uns ist ein/e von Gott Begabte/r. Die verschiedenen Begabungen, die der Geist schenkt, dienen dem Aufbau des Reiches Gottes, dienen dazu, dass das Leben gelingt. Jede dieser Begabungen ist wichtig.

Reflexionsfragen

- Wofür kann ich mich begeistern? Wofür brenne ich?
- Welche „begeisterten" Menschen kenne ich?
- Was lässt mein Leben gelingen?
- Wo zeigt sich für mich das Wirken des Heiligen Geistes?

Foto: Hannes Wechner

EINSTIEG

Die Einstiegsübungen eröffnen verschiedene und unkonventionelle Zugänge zum Phänomen des Heiligen Geistes. Ziel ist es, die Firmlinge offen und neugierig zu machen auf die dritte göttliche Person, die von ihnen – wenn überhaupt – sehr abstrakt wahrgenommen wird.

1. KNOTENSPIEL – KNOTEN LÖSEN

Grundsätzliches

Um eine Aufgabe als Gruppe gemeinsam zu lösen, braucht es unterschiedliche Fähigkeiten, die selten eine Person alleine mitbringt. Jede/r von uns hat seine/ihre Geistesgaben, die er/sie einsetzen kann, um zum Gelingen einer Aufgabe beizutragen.
Wenn eine Gruppe eine Aufgabe lösen will, ist ein bestimmter „Geist" notwendig, der spürbar und erlebbar wird.

Beschreibung

In ein Seil werden verschiedene Knoten geknüpft, für jede/n TeilnehmerIn einen; einfache Knoten sind zu bevorzugen. Die Jugendlichen haben die Aufgabe, das Seil **mit einer** Hand zu nehmen und zwar **jeweils neben einem Knoten**. Anschließend sind alle Knoten aus dem Seil zu lösen, ohne dass die Jugendlichen ihre Hände vom Seil nehmen. Die zweite, freie Hand darf verwendet werden.

Tipps/Achtung

Das Seil sollte je nach Gruppengröße lang genug sein, um die Entknotung möglich zu machen.
Reflexionsfragen können nach der Übung helfen:

- Wer hat welche Fähigkeiten (Geistesgaben) eingebracht, damit die Knoten gelöst wurden?
- Was hat zur Lösung der Aufgabe beigetragen? Worauf sind wir stolz?
- Mit was hast du nicht gerechnet?
- Wo waren „Knoten" im Lösungsprozess?

Infobox

Dauer 10–30 min
Alter 12 – 13 – 14 – 15 – 16 – 17
Vorbereitung * * *
Material Seil (ca. 1,5–2 m pro Person)
Glossar Charisma

Film/Foto

behelf.firmung.at/4564

2. GEISTBEGABTE MENSCHEN

Grundsätzliches

Menschen, die im Einsatz für andere, für die Umwelt, für Gerechtigkeit und Frieden usw. ihr Leben eingesetzt haben, beeindrucken uns. Besonders solche, die neue Wege gingen, gegen Konventionen aufgestanden sind, Selbstverständliches hinterfragt und ihr Leben für ihre Überzeugungen und für andere eingesetzt haben.
Woher nahmen sie die Kraft für lange Durststrecken, das Scheitern und oft auch für die Bereitschaft, zu sterben?

Beschreibung

Als Einstieg wird den Jugendlichen die Lebensgeschichte einer der unten angegebenen Personen erzählt, vorgelesen oder es wird gemeinsam gelesen. Danach kommt es zu einem Austausch über das, was die Jugendlichen an dieser Person besonders beeindruckt hat.

- **Sophie Scholl** (deutsche Studentin, die zum Widerstand gegen das Nazi-Regime aufrief)
- **Yacoubo Sawadogo** (Bauer aus Burkina Faso, der in der Wüste Bäume pflanzte)
- **Franz Jägerstätter** (österreichischer Kriegsdienstverweigerer)
- **Ute Bock** (setzte sich in Österreich für AsylwerberInnen und Flüchtlinge ein)

Reflexionsfragen

- Welche Spuren des Heiligen Geistes findest du im Leben der beschriebenen Personen?
- Woher nehmen diese Personen die Kraft für ihr Leben und ihren Einsatz?
- Welche Menschen, die ich persönlich kenne, die in meinem Umfeld leben ... beeindrucken mich besonders? Warum?

Variante

Die Gruppe in drei Untergruppen teilen. Jede Gruppe bekommt die Lebensbeschreibung einer Person. Anschließend stellen sich die drei Gruppen die jeweilige Person gegenseitig vor und benennen, was sie an dieser Person besonders fasziniert hat.

Infobox

Dauer 15–25 min
Alter 12 – 13 – 14 – 15 – 16 – 17
Vorbereitung * *
Material Kopie der Lebensgeschichten

Ergänzendes Material

behelf.firmung.at/9350

BILD VON URSCHALLING

Grundsätzliches

Auch wenn die Bibel Gott zahlreiche weibliche Züge zuschreibt und in weiblichen Bildern von Gott spricht, hat sich durch die Verwendung der Begriffe Vater, Herr ... ein eindeutig männlich geprägtes Bild von Gott durchgesetzt. Der Heilige Geist gilt uns meist als weder männlich noch weiblich. Das hebräische Wort für Geist (ruach) ist jedoch weiblich. Das Fresko in der bayrischen Kirche von Urschalling zeigt eine weibliche Darstellung.

Beschreibung

Jugendlichen wird ein Bild dieses Freskos (siehe unten) gezeigt. Sie sollen zuerst beschreiben, was sie auf dem Bild sehen und dann eine Interpretation der Darstellung versuchen.
Im Anschluss können andere Bilder für den Heiligen Geist besprochen werden (Feuer, Sturm, Taube ...) Welche anderen Bilder für den Heiligen Geist gibt es?

Foto: Urschalling

Dreifaltigkeitsfresko

Das Dreifaltigkeitsfresko findet man in der St.-Jakobus-Kirche im bayerischen Ort Urschalling am Chiemsee. Es dürfte im 14. Jahrhundert entstanden sein.
Das Bild stellt die Heilige Dreifaltigkeit dar, und zwar anders als auf Bildern, die wir aus dieser und späteren Zeiten gewohnt sind. Im oberen Teil des Bildes sind drei Gesichter und drei Oberkörper erkennbar. Die Heiligenscheine sind miteinander verbunden.
Die drei Körper verschmelzen nach unten zu einem einzigen. Insgesamt hat die Figur nur zwei Arme. Die Person rechts ist eindeutig als Gott Vater, die links als Christus erkennbar.
Die Gestalt in der Mitte kann als Heiliger Geist gedeutet werden. Sie trägt eindeutig weibliche Züge (Mädchen oder junge Frau), in denen man einen Hinweis auf die weibliche Seite Gottes erkennen kann.
Der hebräische Ausdruck für den Geist Gottes ist „ruach" und vom Artikel her weiblich. Wie auch das Alte Testament Gott viele weibliche Eigenschaften zuschreibt.

Infobox
Dauer 15 min
Alter 12 - 13 - 14 - 15 - 16 - 17
Vorbereitung * *
Material Bild Fresko Urschalling
Glossar Ruach, Heilige Geistin

Ergänzendes Material

behelf.firmung.at/5309

VERTIEFUNG

Der Heilige Geist lässt sich sprachlich nicht oder nur schwer festmachen. Die folgenden Übungen führen Jugendliche in Situationen, in denen sie ein Stück weit den Geist Gottes erfahren können. Dabei geht es um Vertrauen auf seinen Beistand, um die eigenen Geistbegabungen, aber auch um die Unterscheidung zwischen Geist und Ungeist.

1. NIGHTLINE

Grundsätzliches

Diese Übung kann ein beeindruckendes und nachhaltiges Element in der Firmvorbereitung sein. Jugendliche erfahren dabei Zuspruch, Stärkung in einem herausfordernden und nicht alltäglichen Rahmen.
Aufgrund des hohen organisatorischen Aufwandes ist es sinnvoll, diese mit einer größeren Gruppe oder mit mehreren Gruppen zu machen.

Beschreibung

Bei der Nightline geht es darum, mit verbundenen Augen einen Parcours an einem Seil zu gehen, das durch einen Wald gespannt ist. Die Länge des Weges ist variabel, es empfiehlt sich ein Weg ab 150 Meter. Das Seil kann bewusst durch verschiedene Geländeformen, Vegetationen, Höhen und Tiefen geführt werden. Bei der Nightline werden den TeilnehmerInnen die Augen mit einer Augenbinde verbunden, deshalb kann man sie prinzipiell auch am Tag durchführen – in der Nacht ist die Wirkung jedoch höher. Für manche TeilnehmerInnen reicht die Nacht als Herausforderung – in diesem Fall wird auf die Augenbinde verzichtet.

Foto: Stefan Schöttl

Beginn der Nightline: Die Jugendlichen werden einzeln und mit verbundenen Augen zum Einstieg geführt. Dort bekommen sie die Anleitung für das Gehen und einen Zuspruch und machen sich auf den Weg.

Anleitung zum Gehen

- Die TeilnehmerInnen gehen grundsätzlich alleine und schweigend.
- Jede/r geht mit einer Hand am Seil, die andere gestreckt vor dem Gesicht.
- Auf genügend Abstand zur nächsten Person achten (ca. 1–2 min).
- Nicht laufen, der Parcours ist kein Wettrennen.

Zuspruch vor dem Weggehen (in Anlehnung an Ps 91,11–12):

Der Weg, der vor dir liegt, hat etwas mit deinem Lebensweg zu tun. In deinem Leben gibt es vieles, was dir Halt gibt: Familie, Freunde, Bekannte, dein Traum vom Leben ... Für diese Sicherheiten in deinem Leben steht das Seil, an dem du entlanggehst.

Vieles in deinem Leben liegt aber auch im Dunkeln, so wie der Weg vor dir. Du weißt nicht, was die kommenden Tage, Wochen, Monate und Jahre bringen.

Als ChristInnen vertrauen wir darauf, dass wir unsere Wege nie alleine gehen. Gott geht im Heiligen Geist mit uns. Diese Erfahrung, dass Gott mit uns geht, haben ChristInnen immer wieder in Worte gefasst. Eine dieser Beschreibungen möchte ich dir mitgeben auf deinen Weg durch die Nacht/Nightline. „Gott befiehlt seinen Engeln, dich auf Händen zu tragen, damit dein Fuß an keinen Stein stößt."

Am Ende der Nightline kann ein Feuer entzündet werden, um das die Jugendlichen schweigend warten, bis die ganze Gruppe angekommen ist. Gemeinsamer Rückweg.

Tipps/Achtung

- Auf- und Abbau brauchen beim ersten Mal mind. 90 min (für einen Weg von 200–300 m).
- Vor der Übung Erlaubnis vom Waldbesitzer einholen
- Freiwilligkeit: Niemand soll zum Gehen überredet oder gar gezwungen werden; zögernden Jugendlichen eine BegleiterIn mit auf den Weg geben oder zu zweit losschicken.
- Sicherheit: spitze Äste auf Augenhöhe entfernen, den Sicherheitshinweis geben, immer eine Hand gestreckt vor den Augen zu halten
- BegleiterInnen: am Anfang, Ende und bei einem längeren Parcours auch während des Weges
- Der Sammelpunkt vor und nach der Nightline soll in einem angemessenen Abstand zum Seil liegen, damit der Lärm der Wartenden die Aktion möglichst wenig stört.
- Bei größeren Firmgruppen empfiehlt es sich, kleinere Gruppen (12–15) zu bilden, da die anderen sonst am Einstieg bzw. am Ende zu lange warten müssen.
- Die abschließende Reflexion sollte die Möglichkeit geben, Erfahrungen aus der Übung mitzuteilen und zu reflektieren.

Infobox

Dauer ca. 45 min bei der Durchführung mit 12 Personen; Aufbau ca. 90–120 min
Alter 12 – 13 – 14 – 15 – 16 – 17
Vorbereitung * * * *
Material 150–400 m Seil (kein Faden!)
Glossar Erlebnispädagogik

2. TAUSENDFÜSSLER ZUM THEMA GEISTESGABEN

Grundsätzliches

Jede/r von uns hat unterschiedliche Begabungen und Talente, die uns Gott schenkt, damit wir anderen damit nützen (Charismen). Jugendliche werden sich im Laufe des Erwachsenwerdens ihrer Stärken immer mehr bewusst. Ziel der Übung ist es, die eine oder andere dieser Begabungen zu entdecken, sie zu benennen und zu überlegen, wie ich sie in meinem Leben einsetzen will.

Beschreibung

Vorübung: Die TeilnehmerInnen gehen in Paaren zusammen und lehnen sich Rücken an Rücken. In dieser Position versuchen sie sich niederzusetzen bzw. aufzustehen. Weiters bekommen sie die Aufgabe, in dieser Stellung miteinander zu gehen.

Hauptübung: Die TeilnehmerInnen stellen sich in einer Reihe nebeneinander auf. Der rechte Fuß stößt an den linken Fuß des/der Nachbarn/in; Dann werden mit einem breiten und ausreichend langen Stoffband die Füße der Firmlinge so zusammengebunden, dass immer ein linker und ein rechter Fuß von zwei TeilnehmerInnen verbunden ist.

Die Aufgabe der Gruppe ist es jetzt, miteinander eine bestimmte Strecke zurückzulegen. Dabei sind Sprünge oder Hüpfen nicht erlaubt.

Foto: Stefan Schöttl

Nach ca. 10–15 min wird die Übung angehalten und reflektiert.

- Erfahrungen jedes Firmlings zu Wort kommen lassen
- Was ist gut gelaufen? Was ist uns gut gelungen?
- Was ist weniger gut gelaufen?
- Was habe ich dazu beigetragen, dass die Übung funktioniert hat?

Jeder Beitrag wird stichwortartig auf jeweils ein Kärtchen geschrieben: z. B. Geduld, Ideen, Koordination etc.

Verknüpfung mit Evangelium & Leben: 1 Kor 12,4–11 (Kurzer Impuls durch FirmbegleiterIn)
Um bestimmte Aufgaben im Leben zu bewältigen, sind wir auf andere angewiesen; es geht nur gemeinsam. Dieser Weg, den wir zurückgelegt haben, ist ein Symbol dafür. Damit er bewältigt werden konnte, musste jede/r einen Beitrag leisten. Gott hat jedem/r von uns Talente und Fähigkeiten geschenkt. Diese Begabungen habe ich nicht nur für mich bekommen, sondern auch um anderen zu nützen. Begabungen werden so zu Cha-

rismen! In der Firmung bestärkt der Heilige Geist uns, Fähigkeiten und Talente, die in jedem und jeder angelegt sind, zu entdecken und sinnvoll und heilsam für uns und andere einzusetzen. Das macht auch folgende Bibelstelle deutlich:
Es gibt verschiedene Gnadengaben, aber nur den einen Geist. (...) Es gibt verschiedene Kräfte, die wirken, aber nur den einen Gott. Er bewirkt alles in allen. ***Jedem aber wird die Offenbarung des Geistes geschenkt, damit sie anderen nützt****. (...) Das alles bewirkt ein und derselbe Geist; einem jeden teilt er seine besondere Gabe zu, wie er will. (1 Kor 12,4–11)*

Die Kärtchen der ersten Reflexion des Tausendfüßlers werden ergänzt durch weitere Begabungen und Geistesgaben, die den Firmlingen einfallen. Diese werden im anschließenden Spiel zu „Ereigniskarten".

Spielregeln

Die Kärtchen werden verdeckt auf einen Stapel gelegt.
Ein Firmling deckt eine Karte auf und würfelt dann und erfüllt eine der Aufgaben:
Bei 1: Der Firmling erklärt den Begriff.
Bei 2: Wo ist diese Geistesgabe hilfreich in meinem Leben?
Bei 3: Wo kann ich diese Geistesgabe einsetzen, damit sie anderen nützt?
Bei 4: Wo fehlt diese Geistesgabe in der Welt?
Bei 5: Die Frage weiter an die ganze Gruppe: Kennt ihr Menschen, die diese Geistesgaben haben und leben?
Bei 6: Aus Freude über unsere Geistesgaben bekommt jede/r ein Bonbon, ein Nüsschen, ein „Deko-Steinchen"...

Tipps/Achtung

Beim Zusammenbinden ist darauf zu achten, dass die Füße auf Knöchelhöhe möglichst fest miteinander verbandelt sind (Masche, keine Knoten!).
Zum Zusammenbinden keine Schnüre, sondern breite Bänder (alte Krawatten, alte Schals ...) verwenden! Wenn die Gruppe nicht weiterkommt, **kann** Schweigen während der Übung auferlegt werden.

Infobox

Dauer 30–60 min (je nach Intensität der Reflexion)
Alter 12 – 13 – 14 – 15 – 16 – 17
Vorbereitung * * *
Material Fußbinden, Stifte, Kärtchen
Glossar Charisma, Sieben Gaben des Heiligen Geistes; Erlebnispädagogik

Film/Foto

behelf.firmung.at/3889

3. UNTERSCHEIDUNG DER GEISTER – COLLAGE

Grundsätzliches

Wir hinterfragen viele unserer täglichen Handlungen und Gewohnheiten nicht darauf hin, ob sie dem Leben dienen. Die Erstellung von zwei Plakaten zu den Themen Geist – Ungeist kann Jugendliche sensibel machen für die Unterscheidung der Geister und das, was sie selbst dabei aufgrund ihrer Erfahrungen und Begabungen einbringen können.

Beschreibung

Aus Bildern von Illustrierten werden zwei Plakate gestaltet. Eines zum Thema „lebensbejahender" und eines zum Thema „lebensverneinender Geist" bzw. „Handeln im Geist Gottes" und „Handeln gegen den Geist Gottes".

Fragen zu den einzelnen Plakaten

Plakat 1: Handeln im Geist Gottes

- Wo erleben wir Frieden und Gleichberechtigung?
- Wo werden Menschenrechte verteidigt und hochgehalten?
- Wo wird mit Umwelt und Schöpfung gut umgegangen?
- Was tun Menschen, das anderen weiterhilft, damit unsere Welt menschlicher wird?

Plakat 2: Handeln gegen den Geist Gottes

- Wo erleben wir Ungerechtigkeit, Unterdrückung und Vorurteile?
- Wo werden die Umwelt und Schöpfung mit Füßen getreten?
- Wo wird Freiheit eingeschränkt und die Würde des Menschen missachtet?

Beide Gruppen stellen sich die Plakate gegenseitig vor.
Im Anschluss an die Vorstellung der Plakate kann sich jede/r überlegen und niederschreiben, was er/sie in ihrem Lebensumfeld im Geiste Gottes tun könnte. Diese Vorhaben können, müssen aber nicht vorgestellt werden.

Variante

Eine anspruchsvolle, tiefgehende Variante!
Die Firmlinge erhalten eine Kopie des Gebetes „Herr, mach aus mir ein Werkzeug deines Friedens" (dem heiligen Franziskus zugeschrieben) oder es wird ihnen nur vorgelesen. Der/die FirmbegleiterIn weist daraufhin, dass dieses Gebet eine Bitte an Gott ist, ein Leben aus dem Heiligen Geist heraus zu führen und damit dem Ungeist in der Welt entgegenzuwirken. In kurzer, allgemeiner Form werden so Geist und Ungeist einander gegenübergestellt: z. B. Liebe gegen Hass, Verbindung gegen Streit, Hoffnung gegen Verzweiflung ... Eventuell können hier die Firmlinge selbst Beispiele aus dem Text nennen, um zu sehen, ob er verstanden wurde.

Anschließend erhalten die Firmlinge das Gebetsbüchlein „Friedensrap" von Stephan Sigg → Firmbox. In Einzelarbeit (ca. 15–20 Minuten) vertiefen sie sich in die Texte, die das Franziskus-Gebet anhand von Beispielen aus der heutigen Zeit für junge Menschen verdeutlichen und aktualisieren. Besonderes Augenmerk sollen sie dabei darauf legen, wo sie selbst ähnliche Erfahrungen von Geist und Ungeist gemacht haben.
Zurück in der Gruppe werden (vgl. obige Übung – Unterscheidung der Geister), auf zwei Plakaten die Beispiele aufgeschrieben, zunächst ohne Austausch darüber. Falls eine Erfahrung öfter vorkommt, wird sie nicht mehrmals notiert, sondern pro Nennung unterstrichen.
Im Anschluss kann ein Austausch darüber stattfinden, warum diese Form von Ungeist gerade heute oft passiert und was sie als Jugendliche konkret tun können, damit mehr an „gutem Geist" in der Welt herrscht.

Infobox

Dauer 50 min
Alter 12 – 13 – 14 – 15 – 16 – 17
Vorbereitung * * * *
Material Illustrierte, Zeitungen, Scheren, Kleber, zwei große Plakate
Glossar Charisma
Firmbox 6 **FRIEDENSRAP ZUM FRANZISKUS-GEBET**

Hintergrundwissen: Was ist die Unterscheidung der Geister? Der Theologe Bernd Jochen Hilberath zählt fünf Kriterien auf, die gut zusammenfassen, wie wir die Unterscheidung der Geister verstehen können.

Fünf Kriterien, um dem Geist auf die Spur zu kommen

- **Achtung vor allem Lebendigen**

Der Kosmos und alles Leben in ihm verdanken sich dem Wirken des Geistes, der Leben schafft, erhält, fördert und vollendet. Von daher sind wir zur Achtung vor allem Lebendigen aufgerufen.

- **Förderung der Freiheit**

Wir finden uns in einer von Gott geschenkten Freiheit, was auch heißt – wenn wir aus seinem Geist leben wollen –, anderem Leben Raum zu geben sowie seine Freiheit zu wollen und zu fördern.

- **Leben in Beziehung – „Geschenktes Wir"**

Gott ist in sich selbst Beziehung (Vater – Sohn – Geist). Wir erfahren in erster Linie in Beziehungen, was Leben ist und ausmacht. Gelungene Beziehungen geben uns einen Geschmack von dem, was Gott für uns bereithält: ein Leben in Fülle.

- **Zuwendung zu Unterdrückten**

Die Menschen sind nicht die Herren des Lebens, sondern geschaffen nach dem Bild und Gleichnis Gottes, was so viel heißt wie: Wir sind HüterInnen des Lebens und PflegerInnen der Schöpfung. Besonders Jesus, der vom Geist Gottes erfüllt war, wandte sich den Unterdrückten, den vom Leben Vernachlässigten und Zu-Kurz-Gekommenen zu.

- **Nur ein Stück vom Himmel**

Wir sind dazu berufen, am Reich Gottes mitzubauen. Wir wissen aber auch, dass es uns Menschen allein nicht gelingen kann, den Himmel auf Erden zu schaffen. Das heißt aber auch, dass wir uns dessen bewusst sind, dass nicht wir, sondern Gott in die Vollendung führt. Alles menschliche Tun ist zu relativieren und kritisch zu hinterfragen. Wo menschliches Handeln behauptet, eindeutig das Handeln Gottes zu sein, ist es überheblich und entspringt nicht dem Geist Gottes. Absolut ist nur das Reich Gottes selbst.

Quelle: Matthias Scharer auf der Bereichskonferenz der Katholischen Jugend Österreichs 2005 in Seitenstetten am Schacherhof. Nach dem Buch: Bernd Jochen Hilberath, Matthias Scharer, Firmung: Wider den feierlichen Kirchenaustritt. Theologisch-praktische Orientierungshilfen, Mainz/Innsbruck 1998

ABSCHLUSS

In kurzen liturgischen Feiern lässt sich ein Stück weit der Reichtum und das Geheimnis des Heiligen Geistes erahnen. Das Ungreifbare und Unfassbare der Mystik des Geistes begegnet uns darin in Symbolen und Bildern, die mehr sprechen, als Worte es vermögen.

1. FEUERMEDITATION

Grundsätzliches

Das Feuer ist eines der faszinierendsten Symbole für den Heiligen Geist. Ziel dieser Meditation ist das Hinführen der Jugendlichen zum Entdecken des „eigenen Feuers", der eigenen Kraft, die in jedem/jeder von uns brennt.

Foto: Hannes Wechner

Beschreibung

In einem Raum, der abgedunkelt werden kann, oder an einem ruhigen Ort in der Natur (bei Dunkelheit) legen oder setzen sich die Jugendlichen auf den Boden (auf Decken) rund um die Feuerschale mit Blick Richtung Mitte. Hier befindet sich eine mit Brennspiritus gefüllte, feuerfeste (metallene) Schale mit einem Durchmesser von ca. 15 cm. Diese steht auf einem ebenfalls feuerfesten Untergrund, z. B. Topfuntersetzer oder Ähnlichem. Wie viel Brennspiritus ist zu verwenden? Die Menge hängt von der Größe der Schale ab (normalerweise genügen 1–2 cm), das Feuer darf natürlich während der Meditation nicht erlöschen, also lieber mehr Spiritus verwenden. Am besten vorher ausprobieren!
Am Beginn kann leise Meditationsmusik gespielt werden, bis alle still werden. Dann wird der Text (siehe Feuermeditation im Web) langsam vorgetragen. Die Jugendlichen können nach dem Lesen des Textes noch eine Weile in Ruhe auf ihren Decken liegen bleiben und dann, je nach Belieben, den Ort der Meditation leise verlassen.

Tipps/Achtung

Die Flamme kann bis zu einen halben Meter hoch werden – also genügend Abstand halten!

Infobox

Dauer 20 min
Alter 12 – 13 – 14 – 15 – 16 – 17
Vorbereitung * *
Material Feuerfeste Schale, Brennspiritus, Zündhölzer, eine Decke pro TeilnehmerIn, CD-Player, CD mit Meditationsmusik, Meditationstext
Glossar Symbole des Heiligen Geistes: Feuer

Ergänzendes Material

behelf.firmung.at/4166

2. LITURGIE: DER GEIST WEHT, WO ER WILL

Grundsätzliches

Reden vom Geist fällt uns schwer; und das nicht ohne Grund. Denn der Geist sperrt sich „von Natur aus" gegen eine festschreibende Definition. Er wird – bereits am Beginn der Bibel im Buch Genesis (Gen 1,1–2) – als eine heftige, plötzliche Bewegung oder als schöpferisches, kraftvolles Wirken beschrieben.

Das Bild vom Wind, den wir selbst nicht sehen können, dessen (Aus-)Wirkung wir aber spüren und sehen, soll die Jugendlichen hinführen zu einem neuen Verständnis des Geistes Gottes.

Beschreibung

Liturgie zum Heiligen Geist
Lied: „Atme in uns, Heiliger Geist"
Gottes Geist ist wie Wind, wie die Luft, die uns Menschen lebendig macht und in Bewegung setzt. Er ist die Luft, die uns umgibt, wenn wir uns anschauen, aufeinander zugehen, uns anlachen. Gottes Geist ist in unserer Mitte, wenn wir miteinander feiern.
Text Apg 2,1–4 (Pfingstereignis) frei erzählen oder pantomimisch darstellen. Erzählen von der Verzweiflung der JüngerInnen und der Veränderung, die der Geist Gottes in ihnen bewirkt hat. Gottes Geist macht uns mutig, überrascht uns.
Gedanken: *„Gottes Geist können wir nicht sehen, wir können aber um sein Kommen bitten und unsere Segel aufstellen, damit wir den Wind einfangen können."*
Aktion Windrad basteln → **Firmbox** bzw. gute Bastelbeschreibungen im Internet. Die Rotorblätter werden mit Wünschen, Lebensbereichen beschriftet, in denen sich die Jugendlichen Veränderung und Bewegung durch das Wirken des Geistes Gottes wünschen.

Fürbitten *„Komm, Heiliger Geist, und höre uns"* oder Liedruf *„Sende deinen Geist aus und alles wird neu"*

Vaterunser

Segen

„Möge Gottes Geist Besitz von dir ergreifen,
er schütze dich auf den Wogen des Meeres,
er schütze dich auf dem festen Land.
Auf allen Wegen lenke er deine Schritte."

Abschluss: Agape

Foto:Firmbox

Variante

Windrad basteln und beschriften (siehe S. 57 „Aktion Windrad basteln") ohne liturgische Elemente

Infobox

Dauer 30–45 min

Alter 12 – 13 – 14 – 15 – 16 – 17

Vorbereitung * * *

Material Bausatz für Windrad, Liedblatt, Stifte

Glossar Symbole des Heiligen Geistes: Wind, Feuer

Firmbox ❸ **HEILIG-GEIST-WINDRAD**
(Mit Bastelanleitung)

ABLAUFVARIANTEN

MODELL 1

- Geistbegabte Menschen
- Übung Tausendfüßler
- Liturgie: Der Geist weht, wo er will

MODELL 2

- Knotenübung
- Collage Geist – Ungeist
- Feuermeditation

MODELL 3

- Gemeinsamer Fackelzug in den Wald
- Nightline
- Feuermeditation

WEITERE ÜBUNGEN IM WEB

Zusatz

behelf.firmung.at/9481

K5

Sprung ins Leben

Firmung als Bestärkung beim Erwachsenwerden

Bei der Firmung habe ich den Heiligen Geist erwartet – gekommen ist die Pubertät.

Nikolaus Wandinger

K5 – SPRUNG INS LEBEN

Die Situation der Firmlinge ist geprägt von der Pubertät und den damit verbundenen starken körperlichen und seelischen Umbrüchen.

Es ist kein Zufall, dass die Firmung gerade in dieser Umbruchssituation gespendet wird. Das Sakrament der Firmung ist die feierliche Zusage Gottes, dass er/sie jeden Weg mit uns Menschen mitgeht. Firmung kommt von lat. firmare, was mit „bestärken" übersetzt werden kann. Gottes Geist bestärkt die Jugendlichen für die Aufgaben des Lebens, bei der Suche nach ihrer religiösen Orientierung, beim Finden ihrer geschlechtlichen Identität, bei der Übernahme von Verantwortung und beim Bewältigen ihrer Herausforderungen.

Ziel dieser Einheit ist es, den Firmlingen diese Entscheidungssituationen lebensnah vor Augen zu führen. Folgende Schritte gehen die Firmlinge während der Übung:

1. **den Abschied von der Kindheit**
2. **den „Sprung" in eine neue Lebensphase**
3. **die Zusage des Heiligen Geistes, der den Firmlingen auf diesem Weg beisteht, die notwendigen Gaben, Charismen, schenkt und hilfreiche Menschen zur Seite stellt.**

Reflexionsfragen

- Wann habe ich das letzte Mal etwas zum ersten Mal getan?
- Wie habe ich mich dabei gefühlt?
- Welche Erinnerungen habe ich an meine Pubertät?
- Was hat mich in dieser Zeit verwirrt, geängstigt, was begeistert?
- Wer oder was war in dieser Zeit hilfreich für mich?

EINSTIEG

Den Firmlingen den bereits vollzogenen oder bald anstehenden Abschied von der Kindheit bewusst zu machen, ist Ziel dieser Einstiegsübungen.

Foto: Istockphoto.com

1. BABYFOTOS

Grundsätzliches

Eine Methode, die den schrittweisen Abschied von der Kindheit erfahrbar macht und zusätzlich für gute Stimmung und Fröhlichkeit sorgt! Nur wem klar ist, dass die Kindheit zu Ende geht, ist offen für eine Bestärkung durch die Firmung am Weg zum Erwachsenwerden.

Beschreibung

Die Firmlinge werden gebeten, ein Foto aus ihrer Baby- oder Kleinkindzeit (nicht jünger als 4–5 Monate) dem/der FirmbegleiterIn zu geben – ohne es vorher den anderen Firmlingen zu zeigen. Der/die FirmbegleiterIn nummeriert die Fotos mit einem Aufkleber und legt sie gut sichtbar auf. Die Jugendlichen schauen sich die Bilder an und geben schriftlich (!) einen Tipp ab, welches Bild wem zuzuordnen ist.
Es folgen die Auflösung und anschließend ein Austausch über das, was sich seit damals verändert hat.

Mögliche Fragen für den Austausch

- Was konntest du damals tun, was heute?
- Was musst du jetzt selber entscheiden, wo du als Kleinkind noch keine Verantwortung hattest?
- Welche Vorteile bieten die verschiedenen Altersstufen?
- Welche Zeit war dir lieber? Und warum?

Tipps/Achtung

Am verlässlichsten bringen die Firmlinge nach einer SMS-Erinnerung ihre Fotos mit! Falls jemand das Foto vergessen hat, ist das kein großes Problem, der- oder diejenige ist ja beim Erraten der anderen Bilder aktiv beteiligt.
Unbedingt darauf achten, dass sich die Jugendlichen die Fotos nicht vorher gegenseitig zeigen!

Infobox

Dauer 15 min
Alter 12 – 13 – 14 – 15 – 16 – 17
Vorbereitung * *
Material Babyfotos, Zettel, Stifte, Aufkleber
Glossar Firmalter; Initiationssakramente

2. WEG DURCH DIE KINDHEIT

Grundsätzliches

In dieser Übung werden den Firmlingen Veränderungen und Entwicklungen bewusst, die in ihrem Leben schon passiert sind.

Beschreibung

Der/die FirmbegleiterIn sucht einen Weg (ca. 15–20 min Gehzeit) aus, der im Idealfall zu einem Fluss führt. Am Beginn entzündet jede/r Jugendliche ein Teelicht, Symbol für das „Licht der Welt", das die Firmlinge erblickt haben, und das Geschenk des Lebens. Auf dem Weg liegen dann einzelne Fragen zur Kindheit (siehe nachstehend und zum Ausdrucken auf www.firmung.at), die entweder laut beantwortet werden oder in Stichworten aufgeschrieben oder aufgezeichnet werden. Als Zeichen, dass die Kindheit vergangen ist, werden diese Blätter als Papierboot gefaltet und auf dem Fluss ausgesetzt oder als Flaschenpost (Zettel werden z. B. in kleine Fläschchen gesteckt, diese werden verkorkt) dem Fluss übergeben.

Fragen auf dem Weg

- Was war mein liebstes Spielzeug als Kind?
- Wer ist mein/e TaufpateIn?
- Was war meine liebste Beschäftigung im Kindergarten?
- Erinnere ich mich noch an meine Kindergartentasche (oder wahlweise das Gruppensymbol oder den Gruppennamen ...)
- Erinnere ich mich noch an meine/n VolksschullehrerIn? .
- Wer war mein/e beste/r FreundIn in der Volksschule?
- Mein schönstes Kindheitserlebnis?
- Wie war meine Erstkommunion?
- Wie sah Gott für mich als Kind aus – Zeichne ihn auf!

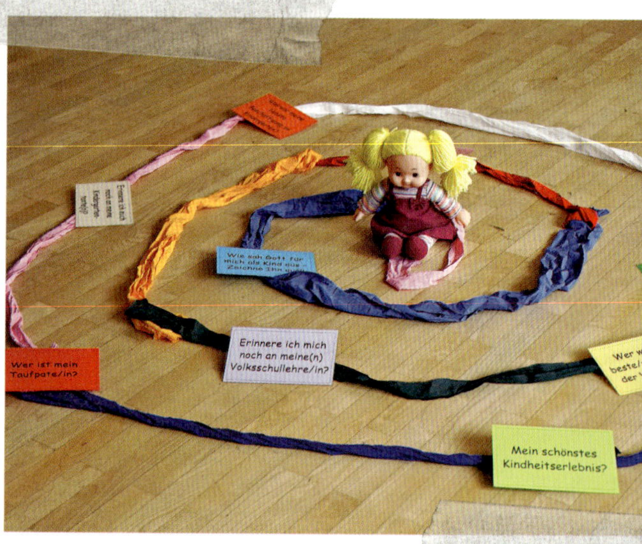

Foto: Hannes Wechner

Variante 1

Falls es keinen Bach oder Fluss in erreichbarer Nähe gibt, können diese Blätter auch verbrannt werden. Damit die Kindheit trotzdem wertschätzend gesehen wird, wird die Asche in einem feierlichen Ritual als Dünger für einen Baum, eine Pflanze verwendet. Das Alte ist zwar vergangen, wirkt aber, wie der Dünger, positiv weiter in unserem Leben.

Variante 2

Indoor werden die Fragen auf einer Tücherspirale aufgelegt.

Infobox

Dauer 2 h
Alter 12 – 13 – 14 – 15 – 16 – 17
Vorbereitung * * * * *
Material Tücher, Fragekarten zur Kindheit, ev. Feuerschale, kleine Fläschchen
Glossar Firmalter

Ergänzendes Material

behelf.firmung.at/1278

3. LITURGISCHER ABSCHIED VON DER KINDHEIT

Grundsätzliches

Auch der Gemeinde sollte deutlich werden, dass für die Firmlinge ein neuer Lebensabschnitt beginnt, dass sie älter werden und ihnen mehr zugetraut werden kann.

Beschreibung

Eine einfache, aber eindrucksvolle Symbolhandlung bei einem Jugendgottesdienst oder bei der Firmung selbst kann es sein, wenn die Firmlinge ihre (oder notfalls ausgeliehene) Kinderschuhe an den Stufen zum Altar abstellen und dann den Altarraum zum Beispiel zum Kyrie betreten.

Vorschlag für einen Kyrietext

„Gott, du führst uns auf neuen Wegen – Herr erbarme dich.
Gott, du stehst uns in Zeiten der Veränderungen bei – Christus erbarme dich.
Gott, du begleitest uns auf unserem Lebensweg – Herr erbarme dich."

Tipps/Achtung

Heranwachsenden ist es meist peinlich, wenn sie vor der Gottesdienstgemeinde einzeln „vorgeführt" werden. Als Gruppe gemeinsam fällt es ihnen leichter und sie genießen es dann zeitweise auch!

Infobox

Dauer 5 min im Gottesdienst
Alter 12 – 13 – 14 – 15 – 16 – 17
Vorbereitung * *
Material Kinderschuhe
Glossar Firmalter

VERTIEFUNG

Einen neuen Lebensabschnitt zu beginnen, stellt alle Beteiligten vor große Herausforderungen. Die angebotenen Übungen dieses Abschnitts versuchen Jugendlichen diese Situation bewusst zu machen und zeigen ihnen, dass sie diesen nicht einfachen Weg des Übergangs nicht alleine gehen müssen.

1. SPRUNG INS LEBEN

Grundsätzliches

Eine Methode mit Nervenkitzel, die die Jugendlichen den Beginn einer neuen Lebensphase „erleben" lässt.

Beschreibung

Die Firmlinge werden, nachdem sie sich symbolisch (s. Einstiegsmethoden) von der Kindheit verabschiedet haben, einzeln aus der Gruppe geholt und mit verbundenen Augen in einen anderen Raum geführt. Dort wurde mit verschiedenen Gegenständen (Kisten, Stuhl) eine ca. 50–70 cm hohe Treppe gebaut. Links, rechts und vor dieser Treppe wurden weiche Materialien wie Polster, Matten und Decken aufgelegt.
Der Firmling wird mit verbundenen Augen die Treppe hinaufgeführt und eingeladen, den „Sprung ins Leben" zu wagen. Dabei muss unbedingt darauf geachtet werden, dass die TeilnehmerInnen freiwillig springen und auch ein Nichtspringen positiv bewertet wird, denn auch dazu gehört eine gehörige Portion Mut!
Nach dem Sprung setzen sich die Firmlinge in sicherer Entfernung hin und beobachten die weiteren Sprünge.
Im anschließenden Gespräch können folgende Fragen reflektiert werden:

Foto: KJ Innsbruck

- Wie war es, ins Unbekannte zu springen?
- Was hat dir geholfen, den Sprung zu wagen?
- Wo siehst du Parallelen zu deiner Lebenssituation?

Bei dieser Übung wird deutlich, dass ein neuer Lebensabschnitt nicht immer einfach ist, weil vieles herausfordernd ist. Dass wir in dieser Situation nicht alleine sind, kann den Jugendlichen anhand einer der folgenden Erzählungen deutlich gemacht werden:

Möglichkeit 1: *„Eines Nachts brach in einem Haus ein großer Brand aus. Während die Flammen emporschossen, stürzten die Eltern und Kinder aus dem Haus. Entsetzt sahen sie, wie das Feuer ihr Heim vernichtete. Plötzlich bemerkten sie, dass der Jüngste fehlte, ein fünfjähriger Junge, der sich im Augenblick der Flucht vor dem Rauch und den Flammen fürchtete und in den oberen Stock kletterte. Vater und Mutter schauten einander an. Es gab keine Möglichkeit mehr, in das brennende Haus zu gelangen. Da öffnete sich oben ein Fenster. Der Junge rief um Hilfe. Seine Mutter sah es und schrie ihm zu: ‚Spring!' Der Junge sah nur Rauch und Flammen. Er hörte aber die Stimme seiner Mutter und antwortete: ‚Mama, ich sehe dich nicht!' Die Mutter rief ihm zu: ‚Aber ich sehe dich und das genügt. Spring!' Das Kind sprang und fand sich heil und gesund in den Armen seiner Mutter wieder, die es aufgefangen hat."*

Quelle: Léon-Joseph Suenens, Täglich christlich leben

Möglichkeit 2: biblische Erzählungen, in denen deutlich wird, dass Gott den Menschen begleitet: z. B. der Auszug aus Ägypten anhand der Geschwister Moses, Aaron und Miriam (Ex 15) oder Abrahams Aufbruch aus Ur und Gottes Verheißungen (Gen 12); der Engel, der Tobit begleitet (Tob) usw.

Möglichkeit 3: die bekannte Erzählung „Spuren im Sand" im Internet finden

Möglichkeit 4: Text des Liedes „Von guten Mächten wunderbar geborgen" mit dem Hinweis, dass es von Dietrich Bonhoeffer am 19. Dezember 1944 im Kellergefängnis der Gestapo-Zentrale in Berlin in einem Umfeld von Terror, Folterung und Tod geschrieben wurde. Bonhoeffer wurde am 9. April 1945, wenige Stunden vor Kriegsende, hingerichtet.

Tipps/Achtung

Wer springen will, muss dies aktiv machen, ansonsten erhöht sich die Verletzungsgefahr, auch wenn die Sprunghöhe ja gering ist. Auf Sicherheit muss hier unbedingt geachtet werden! Klarer Hinweis, dass kein Hechtsprung gemacht werden darf.

Infobox

Dauer 30–40 min
Alter 12 – 13 – 14 – 15 – 16 – 17
Vorbereitung * * * *
Material 2 Räume, 2 verschieden hohe Kisten oder Stühle (max. Höhe ca. 60–70 cm), Matratzen oder Pölster, Augenbinden, Texte
Glossar Firmalter; Initiationssakramente

Film/Foto

behelf.firmung.at/4586

2. NACHTSOLO

Grundsätzliches

Rituale, die in der Natur durchgeführt werden, bekommen eine eigene Tiefe, vor allem bei Nacht – auch ohne große „Action"!

Beschreibung

Die Firmlinge treffen sich im Dunkeln am Beginn eines höchstens leicht ansteigenden Weges, Länge ca. 15 Minuten. Der Weg darf keine Abzweigungen oder sonstige Gefahren aufweisen.

Nach einer kurzen Einführung, die auf richtiges, vorsichtiges Verhalten beim Nachtsolo hinweist, werden die Firmlinge einzeln auf den Weg geschickt – in einem Abstand, dass die Firmlinge weder in Sicht- noch in Hörweite sind. Am Beginn erhält jede/r eine Botschaft mit auf den Weg: „Im Leben fühlt man sich manchmal allein, muss man Wege auch allein gehen. Denk beim Gehen darüber nach, welche Situationen das sein könnten. Wer oder was hilft dir, den Mut, die Stärke dafür zu haben?"

Eine Kurzversion dieser Gedanken in Form eines Zuspruches („Du bist einzigartig", „Fürchte dich nicht", „Du bist nicht allein") kann der/die FirmbegleiterIn auf ein Armband ➜ **Firmbox** schreiben, das dem jeweiligen Jungen bzw. dem Mädchen mit auf den Weg gegeben wird.

Am Ende des Weges werden die Firmlinge von der Begleiterin, von einem Begleiter empfangen. In der Mitte erleuchtet eine Fackel das Dunkel. Nachdem alle Firmlinge angekommen sind, wird ein Kreis gebildet. Jede/r hat nun die Möglichkeit, die Gedanken, die ihm/ihr während des Weges durch den Kopf gegangen sind, der Gruppe mitzuteilen. Die Aussagen bleiben unkommentiert. Nach der Austauschrunde formuliert der/die BegleiterIn ein Fürbittgebet und bittet Gott, dass alle ausgesprochenen und unausgesprochenen Gedanken, Hoffnungen und auch Ängste angenommen werden. Zum Abschluss wird gemeinsam ein Vaterunser gebetet und ein Wegsegen gesprochen, z. B.:

„Gottes Geist begleite dich auf deinem Weg,
durch deine stürmischen Zeiten,
durch Zeiten des Suchens,
in den Zeiten von Entscheidungen,
Gottes Segen trägt dich und fängt dich auf."

Foto: Firmbox

Variante

Die PatInnen schicken die Firmlinge auf den Weg und geben ihnen das Armband mit einem Zuspruch mit. Dann folgen sie ihnen in Rufweite – sozusagen als Sicherheitsnetz, symbolisch für ihre Aufgabe im Leben.

Infobox

Dauer 2 h
Alter 12 – 13 – 14 – 15 – 16 – 17
Vorbereitung * * * * *
Material Für die Variante ein Armband mit Zuspruch
Glossar Erlebnispädagogik
Firmbox ❹ **STÄRKUNGSARMBAND**

3. LABYRINTH ALS LEBENSWEG

Grundsätzliches

Das Labyrinth als Symbol für den Lebensweg macht mit der Notwendigkeit zur Umkehr in der Mitte den Beginn einer neuen Lebensphase für die Firmlinge deutlich. Der Weg zur Mitte symbolisiert die Kindheit, der Weg heraus den Weg ins Erwachsenenleben.

Beschreibung

Auf einem freien und ungestörten Platz wird ein Labyrinth gebaut (Bauplan siehe Web). Die Firmlinge zünden am Beginn des Labyrinths eine Kerze an – ihr Geburtslicht – und gehen dann mit einem ihnen in der Kindheit wichtigen Spielzeug in die Mitte. Dort angekommen, vergraben sie bzw. decken sie ihr Lieblingsspielzeug zu.
Beim Herausgehen liegen verdeckt Fragen auf, die zum Nachdenken über die Zukunft anregen sollen:

Fragen

- Was glaubst du, wird sich in Zukunft für dich ändern?
- Worauf freust du dich, wenn du ans Erwachsenwerden denkst?
- Was macht dir Sorgen, wenn du an deine Zukunft denkst?
- Welche Veränderungen werden nicht leicht zu bewältigen sein?
- Welche Menschen sind für dich da, wenn du Sorgen hast?
- Wer hilft dir, wo holst du dir Kraft, wenn es einmal nicht so gut läuft?

Variante 1

In einem großen Saal eine Labyrinthmatte auslegen, wie es sie in manchen Diözesen

Foto: Hannes Wechner

zum Ausleihen gibt – das Spielzeug wird in der Mitte abgelegt und zugedeckt.

Variante 2

In der Mitte warten die PatInnen (falls ein Pate oder eine Patin nicht kommen kann, eine Person, der der Firmling vertraut) und begleiten die Jugendlichen auf dem Weg hinaus. Die Firmlinge bekommen von den PatInnen ein Armband mit einer persönlichen Botschaft zur Bestärkung.

Variante 3

Es besteht auch die Möglichkeit, den Abschied von der Kindheit, wie er als „Weg durch die Kindheit" im ersten Teil dieses Kapitels beschrieben wurde, nicht auf einem Weg, sondern beim Hineingehen ins Labyrinth zu begehen. Wichtig ist, die Fragen zur Kindheit in einer anderen Farbe aufzulegen als die Fragen beim Herausgehen.

Infobox
Aufbau bis zu 2 h
Dauer 45 min
Alter 12 – 13 – 14 – 15 – 16 – 17
Vorbereitung * * * * *
Material Fragen auf Karten, Tücher, eventuell Labyrinthmatte, für die Variante 2 Armband, Kerzen ...
Glossar Labyrinth

Ergänzendes Material

behelf.firmung.at/9099

Foto: Hannes Wechner

ABSCHLUSS

Am Ende dieser Einheit wird den Firmlingen durch einfache symbolische Geschenke deutlich gemacht, dass Firmung „bestärkt und beschenkt werden auf dem Weg zum Erwachsensein" bedeutet.

1. DAS GESCHENK DER FIRMUNG

Grundsätzliches

Mit **Symbolen** lässt sich gut verdeutlichen, dass Firmung die Zusage bedeutet, dass Gott mit uns durchs Leben geht.
Die Geschenke, die die Firmlinge dazu erhalten, werden idealerweise von den PatInnen bereitgestellt – nicht nur als eine nette Geste, sondern auch als eine symbolische. Die PatInnen machen den Zuspruch des Heiligen Geistes spür- und erlebbar.

Beschreibung

Am Ende einer vertiefenden Methode erhalten die Mädchen als Geschenk eine Umhängetasche bzw. die Jungs einen Kulturbeutel, genäht aus einer zu klein gewordenen Kinderjeans als „Begleiter" für den Lebensweg. Eine solche lässt sich relativ leicht nähen, indem die Hosenbeine abgeschnitten und die Schnittstellen mit einer Naht verschlossen werden. Aus den abgeschnittenen Beinen werden dann die Träger genäht. Bei den Verzierungen sind der Fantasie keine Grenzen gesetzt: Knöpfe, Blumen, Perlen ...
In dieser Tasche finden die Firmlinge ein Notizbuch, in das geschrieben wird:
„Was auch immer in deinem Leben geschieht, Gott verspricht dir, dass du deinen Lebensweg nie allein gehen musst!"

Variante

Eine andere Alternative ist ein Geschenkpaket, das eine Karte mit obigem Text enthält, eventuell liegt noch eine Feder oder ein anderes Symbol bei.

Tipps/Achtung

Besonders beeindruckend wird die Übergabe des Geschenks, wenn der/die FirmbegleiterIn oder PatIn dabei erzählen kann, wo er/sie die Bestärkung durch Gottes Geist im eigenen Leben gespürt und entdeckt hat. Allerdings sollte man wirklich nur dann etwas erzählen, wenn man überzeugt davon ist. Ansonsten wirkt es aufgesetzt und bewirkt eher das Gegenteil!

Infobox
Dauer 10 min
Alter 12 – 13 – 14 – 15 – 16 – 17
Vorbereitung * * * *
Material je nach Idee Schachtel, Stoffmalfarben, Kinderjeans, Nähsachen, Notizbuch
Glossar Firmung

ABLAUFVARIANTEN

MODELL 1
- Babyfotos
- Weg durch die Kindheit
- Sprung ins Leben

MODELL 2
- Babyfotos
- Labyrinth
- Geschenkpaket

MODELL 3
- Liturgischer Abschied von der Kindheit im Rahmen eines kurzen Abendgottesdienstes
- Nachtsolo mit PatInnen
- Armband mit Spruch von PatInnen

WEITERE ÜBUNGEN IM WEB

Zusatz

behelf.firmung.at/6554

Hormone & Co

Stürmische Zeiten

Pubertät ist, wenn man grübelt
und nicht weiß worüber ...

K6 – HORMONE & CO

Wir möchten Mut machen, das Thema Pubertät, Liebe und Sexualität in die Firmvorbereitung zu integrieren, da die Veränderungen des Körpers und der Psyche für die Jugendlichen eine bedeutsame Herausforderung darstellen. Es gibt dabei eine hohe Ungleichzeitigkeit in der Entwicklung unter den Pubertierenden. Die Jugendlichen ernst zu nehmen und sie mit dieser Thematik nicht alleine zu lassen, ist Anliegen dieses Kapitels.
Folgende Themen werden behandelt: die eigene Geschlechterrolle, „Annäherung" ans andere Geschlecht sowie die Diskussion von Werten und Normen, die für eine gelungene Beziehung wichtig sind.
Wenn Firmung „bestärkt werden fürs Leben" bedeutet, dann heißt das auch, dass Firmlinge in ihrer erwachenden Geschlechtlichkeit und in der Suche nach ihrer Rolle als Frau und Mann bestärkt werden.
Bei diesem Kapitel sollte auch bedacht werden, dass Jugendliche, die homosexuelle Neigungen verspüren, nicht durch unbedachte Äußerungen verletzt werden oder Heterosexualität zur alleinigen Form von Sexualität erklärt wird.

Reflexionsfragen

- Was ist typisch für Männer bzw. für Frauen?
- Bin ich gerne ein Mann bzw. eine Frau? Warum?
- Wie geht es mir mit Vorstellungen vom Mannsein/Frausein, die nicht meinem Bild entsprechen?
- Wie hat sich mein Bild von Sexualität seit der Jugend verändert?
- Wie habe ich das Erwachen meiner Sexualität in der Pubertät erlebt?

EINSTIEG

Trotz des hohen Interesses am Thema ist bei Jugendlichen Unsicherheit und Sprachlosigkeit zu beobachten. Die folgenden Übungen wollen helfen, das Eis in der Gruppe zu brechen, und versuchen, die Dinge behutsam zur Sprache zu bringen.

1. BLIND TANZEN

Grundsätzliches

Im Miteinander-Tanzen werden auf spielerische Art Vertrauen, sich auf andere zu verlassen sowie Führen eingeübt.

Beschreibung

Bildung von zwei gleich großen Gruppen. Einer Gruppe werden die Augen verbunden. Die Sehenden wählen sich eine/n TanzpartnerIn bzw. ziehen eine/n TanzpartnerIn per Los. Zwei bis drei Minuten „Paartanz" mit Musik, ohne sich zu erkennen zu geben (d. h. schweigend). Nach dem gemeinsamen Tanzen wird die sehende Gruppe blind und die blinde Gruppe sehend. Dann beginnt das Ganze von vorne. Bei einer ungeraden Zahl an Firmlingen tanzt der/die FirmbegleiterIn mit oder, wenn das nicht passend ist, bekommt der einzelne Firmling eine Beobachtungsaufgabe z. B.: Hat sich bei den Paaren im Laufe des Tanzes etwas verändert? Wer hat geführt?

Reflexion

- Hast du dich sicher gefühlt beim Tanzen?
- Was war angenehmer: blind zu sein oder zu sehen?
- Wie ist das Gefühl, mit jemand Unbekanntem zu tanzen?
- Wer hat geführt? Der/die Blinde oder Sehende? Bei gemischten Paaren: der Bursche oder das Mädchen?
- Tanzen als gleichgeschlechtliches Paar: Kommt das sonst auch vor? Wie war das für euch?

Im Anschluss an die Übung tauschen sich die Jugendlichen zuerst untereinander und dann im Plenum über ihre Erfahrungen aus.

Tipps/Achtung

Auf Freiwilligkeit achten! Manchen Jugendlichen ist es unangenehm, sich die Augen verbinden zu lassen.
Die Musik sollte nicht zu langsam sein, es geht nicht um zu engen Körperkontakt!

Infobox

Dauer 10–15 min
Alter 12 – 13 – 14 – 15 – 16 – 17
Vorbereitung * *
Material Augenbinden, Musik, CD-Player, ev. Lose

2. DU SOLLST DIR KEIN (FRAUEN-/ MÄNNER-) BILD MACHEN

Grundsätzliches

Mit dieser Übung werden Rollenzuschreibungen aufgebrochen.
Gegen den Trend von Medien und Gesellschaft sollen Mädchen weibliche Ideale nicht nur in überschlanken, jungen, schönen Frauen kennen lernen bzw. Jungen sich nicht nur sportlich und muskelbepackt als ganze Männer fühlen.

Beschreibung

Frauenbild: Bilder von Frauen verschiedenen Alters, Typs ... aus Illustrierten, Kalendern, Werbungen werden im Vorfeld von den BegleiterInnen ausgeschnitten und jeweils mit einer Nummer (kleines Klebeetikett) versehen und für alle sichtbar aufgelegt.

Die Firmlinge werden aufgefordert, sich auszusuchen, wen sie als besonders weiblich empfinden (ohne sich mit den anderen abzusprechen!). Auf ein Kommando zeigen dann alle gleichzeitig (!) auf das ausgewählte Bild.
In weiteren Runden wird ausgewählt,

- wen sie gerne als Freundin hätten
- wen sie gerne als Lehrerin hätten
- wen sie gern als Automechanikerin hätten
- wen sie gerne als Ärztin hätten
- wen sie gerne als Patin hätten (Hier lässt sich dann auch ins Gespräch kommen, welche Eigenschaften ein/e gute/r PatIn haben sollte ...).

Reflexionsfragen

- Was ist euch aufgefallen? Bei euch und bei anderen?
- Wer hat nicht immer das gleiche Bild gewählt? Warum?
- Woher kommen unsere Rollenbilder?

In fast allen Fällen wird hier deutlich, dass sowohl das Schönheitsideal innerhalb der Gruppe variiert, als sich auch – je nach „Anforderung" – die Idealvorstellungen von einer „tollen" Frau unterscheiden.

Foto: Angela Bachlechner

Männerbild: Die gleiche Übungsanordnung – nur mit Männerbildern.

Tipps/Achtung

Diese Übung kann sowohl in einer gleichgeschlechtlichen als auch in einer gemischtgeschlechtlichen Gruppe durchgeführt werden.

Infobox

Dauer 15 min
Alter 12 – 13 – 14 – 15 – 16 – 17
Vorbereitung * * *
Material Frauen- bzw. Männerbilder aus Illustrierten, Katalogen, private Fotos etc., Nummernetiketten

3. SONGS/LIEBESLIEDER

Grundsätzliches

Einmal nicht nur auf die Musik achten, sondern auch wahrnehmen, welche Botschaften in den Texten zu finden sind, kann sehr spannend sein. Außerdem kommt die Lebenswelt der Firmlinge zur Sprache!

Beschreibung

Die Jugendlichen werden gebeten, ihre Lieblingssongs, die sich um das Thema Liebe drehen, samt Text mitzubringen.
Auch der/die FirmbegleiterIn nimmt sein/ihr Lieblingsliebeslied mit.

Reflexionsfragen

- Warum ist dieses Lied ein Lieblingslied von mir?
- Welches Bild von Liebe wird vermittelt?

- Entspricht dieses Bild deinen Vorstellungen von Liebe?
- Wie werden Männer, wie Frauen dargestellt?

Foto: Hannes Wechner

Tipps/Achtung

Per SMS an das Mitbringen der Songs erinnern!

Infobox

Dauer ca. 60 min (mind. 7–10 min pro Firmling)
Alter 12 – 13 – 14 – 15 – 16 – 17
Vorbereitung * * *
Material geeignetes digitales Abspielgerät

VERTIEFUNG

Für die Auswahl der folgenden Übung braucht es einen guten Blick auf das, was in der Gruppe gerade Thema ist – Rollenbilder, Werte und Normen in Beziehungen oder Unsicherheiten in Bezug auf das andere Geschlecht.

1. WEIL ICH EIN MÄDCHEN/JUNGE BIN, MUSS ICH ...

Grundsätzliches

Die Rollen, die Mädchen und Jungen einnehmen, sind stark durch Geschlecht, Bildung, Gesellschaft, Erziehung ... vorgeprägt. Bei dieser Übung werden diese Rollenzuschreibungen kritisch hinterfragt.

Beschreibung

Jungen und Mädchen arbeiten zuerst getrennt und bekommen je zwei Plakate: Die Jungen arbeiten zu den Fragen: „Weil ich ein Mann bin, muss ich ...", „Weil ich ein Mann bin, darf ich ..."
Die Mädchen arbeiten zu den Fragen: „Weil ich eine Frau bin, muss ich ...", „Weil ich eine Frau bin, darf ich ..."
Die beiden Plakate werden in der Großgruppe vorgestellt und nachbesprochen.
Frage an die Jungen: Was möchtet ihr/müsst ihr auf der Mädchenliste auch machen?

Foto: Hannes Wechner

Frage an die Mädchen: Was wollt ihr/müsst ihr auf der Jungenliste auch machen?
Fragen an die Gruppe: Woher kommen die Rollenzuschreibungen? Wer hat sie festgelegt? Wem nützen sie?

Tipps/Achtung

Darauf achten, dass Rollenklischees nicht noch mehr festgeschrieben werden und die Diskussion mit dem nötigen Humor, aber auch der entsprechenden Achtung vor dem anderen Geschlecht geführt wird.

Infobox

Dauer 50 min
Alter 12 – 13 – 14 – 15 – 16 – 17
Vorbereitung * *
Material Plakate, Plakatstifte

2. MEINE BEZIEHUNGSKISTE

Grundsätzliches

Im Jugendalter sind die Erwartungen an eine Beziehung, sowohl was Freundschaft als auch was Liebe betrifft, oft romantisch überhöht. Diese Methode hilft den Jugendlichen zu erkennen, dass auch in der besten Beziehung nicht alle gegenseitigen Erwartungen erfüllt werden können.

Beschreibung

Die Firmlinge bekommen ein DIN-A4-Blatt mit einer gezeichneten Kiste. Ebenso erhalten sie ein DIN-A3-Blatt mit Begriffen, die in einer Beziehung eine Rolle spielen können.
Sie erhalten den Auftrag, die Beziehungskiste (innen, außen, Deckel, aber nicht den Raum um die Kiste) mit diesen Begriffen zu bekleben. Die Auswahl, die sie treffen, drückt aus, „wie viel es davon" in einer Beziehung braucht. Wenn z. B. Vertrauen wichtig ist,

Foto: Hannes Wechner

wählt der Jugendliche vier oder fünf Zeilen davon. Natürlich reicht der Platz in der Kiste nicht für alle „Zeilen" der Begriffe aus.
Wer fertig ist, kann seine Kiste mit der anderer vergleichen, Gespräche über Freundschaften ergeben sich dabei praktisch von selbst.
Die Methode, die für dieses Buch überarbeitet wurde, ist entnommen aus: Christine Gottstein-Staack, Stefan Horeck, Einander das Leben bedeuten. Lebensthemen Jugendlicher, Limburg 1998.

Tipps/Achtung

Firmlinge per SMS an Schere und Kleber erinnern oder selber dafür sorgen!

Infobox

Dauer 50 min
Alter 12 – 13 – 14 – 15 – 16 – 17
Vorbereitung * * * *
Material DIN-A3-Kopien der Eigenschaften, Kopie Kiste, Schere, Kleber

Ergänzendes Material

behelf.firmung.at/3171

3. VENUS- UND MARSFORSCHERINNEN

Grundsätzliches

Es gibt 1001 Möglichkeiten, sich jemandem vom anderen Geschlecht zu nähern, an dem Mann/Frau Interesse hat. Diese Übung hilft den Jugendlichen, die eigenen Vorstellungen von Annäherung auszuprobieren und zu reflektieren.

Beschreibung

Rahmenerzählung und Spielanleitung: Weibliche Wesen von der Venus und männliche vom Mars kommen (wegen einer intergalaktischen Konferenz) zur Erde und erleben hier das erstaunliche Annäherungsverhalten von weiblichen und männlichen Menschen.

Die weiblichen Wesen der Venus beschließen das Verhalten der Männer zu studieren, die männlichen Wesen vom Mars legen den Schwerpunkt ihrer Forschung auf die weiblichen menschlichen Wesen. Beide Außerirdischen verfügen auch über die Fähigkeit, unter die Haut zu sehen, sodass sie auch Gefühle und Gedanken wahrnehmen können.

Hier werden zwei Gruppen gebildet, bei gemischtgeschlechtlichen Gruppen Trennung nach Geschlecht. Wenn nur ein Geschlecht in der Gruppe vertreten ist, gibt es trotzdem zwei Gruppen – man kann ja auch das Verhalten des eigenen Geschlechts ein bisschen „auf die Schippe nehmen".

Der Forschungsauftrag an die beiden Gruppen lautet nun:

- Das Annäherungsverhalten zwischen den Geschlechtern soll in 10–15 Schritten schriftlich aufgezeichnet werden.
- Die „Venusianerinnen" sollen das männliche Verhalten, die „Marsianer" das weibliche nachahmen, um es dann auf ihren Heimatplaneten den anderen vorspielen zu können. Da sie die Sprache der Menschen nicht beherrschen, erfolgt das pantomimisch.

Foto: Hannes Wechner

Reflexion

- Was ist realistisch, was übertrieben?
- Was sind gute Möglichkeiten, jemanden kennenzulernen?
- Wie passiert Annäherung?
- Was steht ihr im Weg?

Varianten

Das Durchspielen in gemischten Gruppen erhöht den Spaßfaktor!

Tipps/Achtung

Bei diesem Thema ist eine offene Gesprächsatmosphäre in der Gruppe besonders wichtig. Falls auch homosexuelle Annäherungen vorkommen, dürfen diese durchaus auch gespielt werden, wenn sie niemanden herabwürdigen und verletzen.

Infobox

Dauer 45 min
Alter 12 – 13 – 14 – 15 – 16 – 17
Vorbereitung *
Material keines

ABSCHLUSS

Die einfachen ganzheitlichen Übungen am Ende des Treffens erlauben einen angenehmen Ausklang dieser Einheit.

1. TENNISBALLMASSAGE

Grundsätzliches

Einfach entspannen, sich gegenseitig etwas Gutes tun, ist Ziel dieser Übung!

Beschreibung

Mit zwei Tennisbällen wird eine Massage am Rücken der/des Partners/in durchgeführt. Direkt auf der Wirbelsäule nur mit sehr, sehr leichtem Druck. Die/der Massierte soll mitteilen, wo sie/er gerne fester massiert werden will. Anschließend Wechsel.

Foto: KJ Oberösterreich

Tipps/Achtung

Bei jüngeren Firmlingen ist es meist sinnvoll, wenn nur innerhalb des gleichen Geschlechts massiert wird.

Infobox

Dauer 15 min
Alter 12 – 13 – 14 – 15 – 16 – 17
Vorbereitung *
Material Tennisbälle

2. NIVEA-FÜSSE

Grundsätzliches

In dieser Übung geht es um einen feinfühligen Umgang miteinander, wobei die Grenzen des/der anderen respektiert werden.

Beschreibung

Eine Person nimmt Rückenlage ein und zieht die Socken aus. Die andere setzt sich möglichst bequem zu deren Füßen. Ein Fuß wird mit einem Handtuch zugedeckt. Dann wird mit einem Borstenpinsel Nivea auf die Fußsohle aufgetragen. Mit dem Pinsel werden nun unterschiedlichste Muster und Formen auf die Sohle gezeichnet, was eine sehr zarte Fußmassage ergibt (ca. 3 min pro Seite). Kitzlige Empfindungen sind am Anfang oft sehr stark, lassen aber dann schnell nach. Abschließend wird die restliche Creme mit den Händen einmassiert. Wird zu viel Creme verwendet, kann man auch einen Teil abwischen.

Variante

Wenn das Vertrauensverhältnis nicht sehr groß ist oder die Firmlinge zum Beispiel vom Sport kommen und verschwitzte Füße haben, ist auch eine Handmassage eine angenehme Alternative.

Tipps/Achtung

Voraussetzung bei dieser Übung ist Freiwilligkeit. Wer will, kann sich seine Füße auch vorher waschen. Der Fuß, der gerade nicht massiert wird, ist zugedeckt, um warm zu bleiben!

Infobox

Dauer 15 min
Alter 12 – 13 – 14 – 15 – 16 – 17
Vorbereitung *
Material Nivea-Creme, Borstenpinsel, kleines Handtuch pro Firmling

3. BRIEF VON GOTT

Grundsätzliches

Liturgischer Abschluss

Beschreibung

Die Jugendlichen sitzen im Kreis. In der Mitte liegen jene Dinge, die in der Einheit behandelt bzw. hergestellt wurden (z. B. Bilder von Männern und Frauen, CD mit Liebeslied, Assoziationen zu Sexualität etc.) Jede/r erhält einen kleinen Spiegel, auf den er/sie das Etikett „Gottes-Ebenbild-Spiegel" klebt. ➜ Firmbox.

Foto: Firmbox

Während eines ruhigen (Liebes-)Liedes betrachten sie sich darin. Dann erhalten sie verschlossen in einem Kuvert den nachstehenden Liebesbrief von Gott.

Wenn Gott dir einen Brief schreiben würde, was würde drin stehen? Vielleicht das?

Liebe/r ...
Hast du heute schon in den Spiegel geschaut? Du warst zufrieden mit dir, mit deinem Aussehen, so wie du überhaupt bist? Das darfst du. Ich bin stolz auf dich, du bist einer meiner Lieblingsgedanken, die Wirklichkeit wurden! Bist du doch noch nicht zufrieden mit dem/der, die dir da aus dem Spiegel entgegenblicken? Dann sieh noch einmal genau hin! Du bist schön! Vielleicht entsprichst du nicht den Schönheitsidealen, die gerade in Mode sind – aber wer lässt sich das schon von der kurzlebigen Mode diktieren? Kunstwerke (so wie du eines bist) sind einmalig und nicht nach Massenware zu beurteilen.
Vielleicht fühlst du dich auch manchmal unverstanden, zur falschen Zeit am falschen Ort geboren? Aber: Wo immer du bist, ich bin bei dir, du wirst nie ohne Liebe sein, nie ohne einen Freund/eine Freundin.
Schau noch einmal genau hin: Entdeckst du deine Fähigkeiten? Du bist kein Mathegenie? Die Welt braucht nur ein paar Mathegenies, aber sie braucht deine Fähigkeiten, deine Talente. Vielleicht kannst du gut zuhören, in einer lauten Welt wie heute ist das so wichtig! Oder du bringst andere zum Lachen, bist ein/e treue/r FreundIn oder ... Entdecke die Geschenke, die du mitbekommen hast!
Du bist ein Abbild von mir!
Du bist kein Zufall, sondern so gewollt, wie du bist!

hdl
Dein Heiliger Geist

Abschluss

Segensgebet mit Gesten (Firmlinge halten ihre Hände zum Herzen)

„Gesegnet ist der Raum deines Herzens,
mit dem du Freude, Glück, Spaß und Dankbarkeit fühlen kannst.
Gesegnet sind deine Sehnsüchte und Hoffnungen,
die dir den Weg weisen.
Gesegnet ist deine Sehnsucht nach Zärtlichkeit und Geborgenheit,
deine Liebe und Verletzlichkeit.
Geh mit deiner Sehnsucht behutsam um."

(Firmlinge geben ihre Hände auf das Becken)

„Gesegnet sei dein Becken,
es ist das Zentrum deiner Lebenskraft.
Gesegnet sei deine Fruchtbarkeit.
Gesegnet sei deine Sexualität, deine Lebensfreude, deine Lust.
Achte sie, sie sind kostbare Geschenke."

(Firmlinge legen ihre Hände auf den Kopf)

„Gesegnet sei dein Kopf, Raum deiner Gedanken und
deiner verrückten Ideen.
Gesegnet sei deine Fähigkeit, Zusammenhänge zu begreifen und
schöpferisch zu sein.
Dieser Segen soll dich begleiten auf deinem Weg zu einer selbstbewussten Frau/einem selbstbewussten Mann."

Kreuzzeichen
Im Namen Gottes, der uns Vater und Mutter ist, des Sohnes und des Heiligen Geistes. Amen.

Quelle: unbekannt

Infobox

Dauer 20 min
Alter 12 – 13 – 14 – 15 – 16 – 17
Vorbereitung *
Material Kleiner Spiegel, Kopien Brief von Gott
Firmbox ❺ **GOTTES-EBENBILD-SPIEGEL** (Mit Etikett)

ABLAUFVARIANTEN

MODELL 1
- Du sollst dir kein Bild machen
- Weil ich ein Mädchen/Junge bin
- Liebesbrief von Gott

MODELL 2
- Blind tanzen
- Venus- und MarsforscherInnen
- Nivea-Füße

MODELL 3
- Liebeslieder
- Beziehungskiste
- Tennisballmassage

WEITERE ÜBUNGEN IM WEB

Zusatz

behelf.firmung.at/2210

K7

Symbole Sakramente Firmsymbole

Von den Dingen hinter den Dingen

Die Wissenschaft versucht ständig, die Natur zu entzaubern – sie merkt nicht, dass dieser Zauber Realität ist.

Klaus Ender

K7 – SYMBOLE – SAKRAMENTE – FIRMSYMBOLE

Symbole machen Unbegreifbares greifbarer, Unsichtbares wird sichtbar. Zentral geht es in diesem Kapitel um das Erschließen der Firmsymbole, damit die Firmlinge bei der Feier des Sakramentes einen Zugang zu den Zeichen finden, mit denen sie bezeichnet und bestärkt werden.

Sakramente sind Geschenke Gottes an uns Menschen, die uns seine Gegenwart spürbar werden lassen.

Reflexionsfragen

Um einen Zugang zum Thema zu finden, können folgende Fragen hilfreich sein:

- Gibt es Dinge, die ich bei mir trage oder die ich aufbewahre, weil sie mich an besondere Beziehungen und Ereignisse erinnern?
- Was ist mir „heilig"?
- Was ist Jugendlichen, die ich kenne, „heilig"?
- Erinnerst du dich an eine Sakramentenspendung, die dich innerlich bewegt hat? Taufe, Hochzeit ... Wieso wurdest du hier angesprochen?

EINSTIEG

Auf spielerische und überraschende Weise versuchen die Einstiegsübungen, die Jugendlichen zum Grundverständnis von Sakrament und Symbol hinzuführen.

1. BILLY BILLY BOB – DIE SIEBEN SAKRAMENTE

Grundsätzliches

Auflockernde und bewegte Methode, die auf lustige Art und Weise die sieben Sakramente vorstellt bzw. wieder in Erinnerung ruft. Ab 10 Personen möglich.

Beschreibung

Die Gruppe steht im Kreis – eine Person in der Mitte. Diese dreht sich um die eigene Achse und deutet dann mit ausgestreckter Hand auf eine Person im Kreis und sagt: „Billy, Billy". Die bezeichnete Person muss möglichst rasch mit „Bob" antworten. Tut sie das nicht bzw. nach einer zu langen Nachdenkpause, muss diese Person in die Mitte. Antwortet sie rasch genug, bleibt die Person in der Mitte stehen und versucht es aufs Neue bei einer anderen Person.

Variante

Diese Basisvariante ist erweiterbar um verschiedene Kommandos: Normale Kommandos und solche, die auf die sieben Sakramente verweisen. Ein „normales" Kommando ist z. B. die Waschmaschine. Die Person in der Mitte deutet auf eine im Kreis stehende Person und sagt: „Waschmaschine". Jetzt müssen sich sofort die beiden Personen rechts und links der angezeigten Person die Hände reichen. Die so eingeschlossene Person in der Mitte dreht sich am Stand.

Foto: Stefan Schöttl

Ein Beispiel für die Sakramentendarstellung „Firmung": Die Person rechts der bezeichneten legt dem „Firmling" die Hand auf die Schulter, die Person links als „Bischof" die Hand auf den Kopf.
Weitere profane Kommandos wie „Toaster", „kotzendes Känguru", „Palme" … sowie die Beschreibung der Figuren, mit denen die sieben Sakramente dargestellt werden, finden sich als Fotostrecke im Web.

Tipps/Achtung

Sollte es eine Person nicht schaffen, den Platz in der Mitte zu verlassen bzw. immer wieder zu langsam reagieren, braucht es von der Leitung kreative Interventionen, um dieses Muster aufzubrechen.

Infobox

Dauer 15 min
Alter 12 – 13 – 14 – 15 – 16 – 17
Vorbereitung * *
Material keines
Glossar Sakramente

Film/Foto

behelf.firmung.at/4502

2. MEINE HEILIGTÜMER

Grundsätzliches

Um ein Grundverständnis für Sakramente im Allgemeinen bzw. zur Firmung im Besonderen zu bekommen, setzt man in der Firmvorbereitung am besten bei symbolischen Gegenständen an, die im Leben der Firmlinge eine wichtige, emotionale Rolle spielen.

Beschreibung

Vorbereitung: Im Treffen, das dieser Einheit vorausgeht, bittest du die Firmlinge, dass sie einen Gegenstand mitbringen, der ihnen viel bedeutet, den sie nicht verlieren möchten und den sie vielleicht immer mit sich herumtragen (Lieblingsgegenstand).

Ausstellung der Heiligtümer: Die Jugendlichen tragen ihre Schätze zusammen und legen sie offen aus.

Gespräch: Lade die Jugendlichen ein, die Geschichten, die hinter diesen Dingen stehen, zu erzählen (keine Diskussion!).

Impulse für das Gespräch:

- Welche Geschichte verbindest du mit deinem Symbol?
- Warum ist dir dieser Gegenstand so „heilig"?
- Was unterscheidet diesen von anderen Gegenständen?
- Was macht ihn so wertvoll?
- Welche Personen oder Situationen verbinde ich damit?

Abschluss: Abschließend wird der Text „Das Sakrament des Zigarettenstummels" von Leonardo Boff vor- oder gemeinsam gelesen und eine Brücke zu den eigenen Heiligtümern und den sieben Sakramenten hergestellt.

Variante

Wenn keine weiteren Übungen zu den Symbolen der Firmung oder zu einem einzelnen Symbol geplant sind, werden hier im Anschluss die einzelnen Symbole der Firmung vorgestellt bzw. vorgezeigt.

Foto: Istockphoto.com

Salbung ➜ Chrisam/Salbe in kleinem Döschen
Handauflegung ➜ z. B. Bild von Eltern, die ihrem Kind die Hand auflegen
Siegel ➜ Bild eines alten Siegels auf einer Urkunde oder selbst hergestelltes Siegel auf einem Brief

Tipps/Achtung

Austausch von Gefühlen darf kein zwanghafter Seelenstriptease sein!!! Jede/r entscheidet selbst, ob und was sie/er erzählen will. Diese Einheit lebt vom Zuhören.

Infobox

Dauer 3 min pro Firmling
Alter 12 – 13 – 14 – 15 – 16 – 17
Vorbereitung * *
Material Schätze der Jugendlichen, Boff-Text im Web; für die Variante Salböl, Bild von Eltern, Bild von altem Siegel
Glossar Firmung, Salbung, Chrisam, Handauflegung, Firmspender

Ergänzendes Material

behelf.firmung.at/5594

3. DEN FIRMLINGEN EIN GESCHENK MACHEN

Grundsätzliches

Beschenkt zu werden macht glücklich, es lässt uns spüren, dass wir wahrgenommen, geschätzt, geliebt sind. Gottes Liebe ist gratis und stellt keine Bedingungen – wir müssen uns nichts verdienen, sondern werden bedingungslos beschenkt, geliebt.

Beschreibung

Einstieg in die Einheit, indem die Firmlinge ein Geschenk bekommen. Etwas, was für Jugendliche von symbolischem Wert ist: z. B. ein Erinnerungsfoto von einer gemeinsamen Unternehmung, ein Freundschaftsband, ein Cupcake mit Schokoladeinitiale, eine Karte mit witzigem Spruch. Fantasie und Einfühlungsvermögen der FirmbegleiterInnen sind da keine Grenzen gesetzt.
Im Anschluss kann man sich mit den Jugendlichen darüber austauschen, was beschenkt zu werden bedeutet, welche Gefühle es auslöst, und die Verbindung zur Firmung herstellen: Unsere Begabungen als Gottes Geschenk an uns.
Der Transfer ins Leben der Firmlinge kann als Einzelbesinnung in Stille oder in der Gruppe stattfinden: Momente in meinem Leben, in denen ich mich beschenkt, bestärkt ... gefühlt habe.

Tipps/Achtung

Bei der Auswahl des kleinen Geschenkes auf jugendliche Ästhetik achten, evtl. etwas ältere Jugendliche als BeraterInnen hinzuziehen. Arbeiten mit dem Überraschungseffekt, der sich einstellt, wenn wir unerwartet beschenkt werden.

Infobox
Dauer 10 min
Alter 12 – 13 – 14 – 15 – 16 – 17
Vorbereitung * *
Material je nach Geschenksidee s. o.

VERTIEFUNG

Im vertiefenden Teil dieser Einheit soll Verständnis für die verschiedenen Firmsymbole geweckt werden. Sicherlich spricht einiges dafür, die Bedeutung aller sakramentalen Zeichen der Firmung mit den Firmlingen zu erarbeiten. Wo dies aus zeitlichen oder anderen Gründen nicht möglich ist, können auch nur einzelne ausgewählt werden, die weiteren werden nur kurz angesprochen und erklärt.

1. FIRMSYMBOL „BEIM NAMEN RUFEN“

Grundsätzliches

Eine Vertrauensübung, bei der die Zusage des Firmsakramentes durch die Verbindung/Deutung mit einem biblischen Text (Jes 43) deutlich erfahrbar wird.

Beschreibung

Die TeilnehmerInnen bilden Zweiergruppen. Einer der beiden Personen werden die Augen verbunden. Diese wird von der zweiten Person NUR durch das Rufen ihres Namens durch den Raum/durchs Gelände geführt. Dabei sind wider Erwarten auch herausfordernde Strecken möglich, indem z. B. die Stimme moduliert wird. Nach ca. 3–5 min. werden die Rollen getauscht.
Im Anschluss an die Übung reflektieren die Zweierteams, wie es ihnen jeweils in den

Foto: KJ Innsbruck

unterschiedlichen Rollen gegangen ist. Die Erfahrungen können nach Bedarf auch in der Großgruppe mitgeteilt werden, um den „Schatz der Übung" zu heben.

Reflexionsfragen (zur Auswahl):

- Wie ging es mir, als ich geführt wurde?
- Was war einfacher für mich: führen oder geführt zu werden?
- Was war beim Führen herausfordernd?
- Von wem lasse ich mich gerne rufen?
- Glaube ich, dass Gott uns Menschen ruft? Wenn ja, wie?

Abschließend wird den Firmlingen der Text Jes 43,1–7 in einer freien Übersetzung vorgelesen und als Zuspruch mitgegeben.

Jes 43, 1–7 in freier Übersetzung

Jetzt aber spricht Gott, der dich geschaffen hat: Fürchte dich nicht, denn ich habe dich befreit. Ich habe dich beim Namen gerufen, du gehörst zu mir. Wenn du durchs Wasser gehst, bin ich bei dir, und Wasserströme überfluten dich nicht. Wenn du durch Feuer gehst, verbrennst du nicht, und die Flamme versengt dich nicht. Denn ich bin dein Gott, ich bin dein Retter ... Weil du in meinen Augen teuer und wertvoll bist, und weil ich dich liebe, gebe ich alles für dich ... Fürchte dich nicht, denn ich bin mit dir ... Denn ich habe dich bei deinem Namen gerufen, dich erschaffen, geformt und gemacht, du gehörst zu mir.

Ein weiterer Bezug zur Firmung kann über die Bedeutung des eigenen Namens/die Namensgebung (Bezug zur Taufe) hergestellt werden, da Firmung der Abschluss der christlichen Initiation ist, die mit der Taufe beginnt:

- Mag ich meinen Namen?
- Wer hat ihn für mich ausgesucht?
- Warum?
- Welche Bedeutung hat mein Name?

Variante

Führen der blinden Person nur durch den Kontakt von Fingerspitzen bzw. Handflächen.

Tipps/Achtung

Die Übung verlangt ein bestimmtes Maß an Vertrauen untereinander und ist nicht mit jeder Gruppe möglich – bzw. nicht am Beginn der Gruppenphase.

Auf Freiwilligkeit ist unbedingt zu achten. Firmlinge, denen es schwerfällt, die Augen verbunden zu bekommen, können die Augen auch nur schließen.

Infobox

Dauer 30–40 min
Alter 12 – 13 – 14 – 15 – 16 – 17
Vorbereitung * *
Material Augenbinden
Glossar Firmung

Film/Foto

behelf.firmung.at/9199

2. FIRMSYMBOL HANDAUFLEGEN

Grundsätzliches

Die Handauflegung spielt bei der Firmung eine wichtige Rolle. Der Firmspender legt dem Firmling die Hände auf, um den Beistand, den Segen Gottes für den Firmling auszudrücken. Auch der/die PatIn legt dem Firmling die Hand auf die rechte Schulter, wenn er/sie hinter ihm steht. Er bringt damit zum Ausdruck: „Ich stehe hinter dir, ich stehe zu dir."

Beschreibung

Vorarbeit: Ein großes weißes Leintuch oder Vorhang etc. wird auf einer Schnur zwischen zwei höheren Möbelstücken befestigt. Die Lichtquelle wird hinter dem Leintuch und den darstellenden Firmlingen aufgestellt. Wichtig ist, den richtigen Abstand vorher auszuprobieren!

Ablauf: Jeweils zwei Firmlinge (oder Gruppe in zwei Untergruppen teilen) erhalten ein Kärtchen mit der Arbeitsanweisung, vorwiegend mit den Händen eine der folgenden Situationen als Schattenspiel, also hinter dem Leintuch darzustellen:

- einander begrüßen
- einladen
- einer tröstet den anderen
- bitten
- etwas anpacken
- ich möchte dir etwas erklären
- ich habe Angst
- Brot miteinander teilen
- einer hilft dem anderen auf
- schützen
- sich etwas schenken
- stoßen
- schlagen
- ...

Die letzte der Darstellungen zeigt die Handauflegung bei der Firmung (Firmspender legt Firmling die Hand auf):
Die einzelnen Gruppenmitglieder überlegen, welche der folgenden Deutungen dieser Geste ihnen am meisten zusagt

- Du gehörst zu mir!
- Du kannst mir vertrauen!
- Ich bin für dich da!
- Du kannst meine Wärme und Kraft spüren!
- Ich gebe dir Geborgenheit
- Ich halte an dir fest!
- Ich traue dir etwas zu!
- Ich nehme dich ernst!

Variante

Wenn sich die Gruppe schon besser kennt, kann folgende Übung versucht werden: Die Jugendlichen finden sich in Zweiergruppen und stellen sich gegenüber auf. Dann legen sie sich (nacheinander) gegenseitig die Hände auf den Kopf. Wie beim Segnen oder bei der Firmung, nur etwas länger und zwar für ca. zwei Minuten. Das Ganze geschieht schweigend und kann ganz schön herausfordernd sein.

Die Jugendlichen, die die Hände auflegen, können – wenn sie wollen – dem/der anderen Jugendlichen etwas Gutes wünschen, sie/ihn segnen ...

Die/der Jugendliche, dem die Hände aufgelegt werden, kann die Augen schließen, um

besser zu spüren, was sich bei ihm/ihr während des Handauflegens verändert.
Nach der Übung tauschen sich die Jugendlichen über ihre Erfahrungen, zuerst zu zweit und dann in der Gesamtgruppe, aus.
Abschluss mit Bibeltext zum Segnen, Lied „Frieden wünsch ich dir" oder Ähnliches

Tipps/Achtung

Beim Schattenspiel muss weitgehend seitlich, im Profil gespielt werden und die Gesten sind langsam und überdeutlich auszuführen.

Infobox

Dauer 20 min
Alter 12 – 13 – 14 – 15 – 16 – 17
Vorbereitung * * * * *
Material Leintuch, Lampe, Darstellungsaufgaben für Schattentheater und Deutungen der Handauflegung auf Blättern; für die Variante Bibel und Lied
Glossar Handauflegung

Film/Foto

behelf.firmung.at/4940

3. FIRMSYMBOL „SEI BESIEGELT DURCH DEN HEILIGEN GEIST"

Grundsätzliches

„Sei besiegelt durch die Gabe Gottes, den Heiligen Geist!"
Ein Siegel bedeutet Schutz für wertvolle Urkunden, Briefe, Verträge. Das Siegel ist unauslöschlich und einmalig. Es beglaubigt und bekräftigt einen bedeutungsvollen Vertrag, es garantiert seine Echtheit.
Die Firmung kann nur einmal gespendet werden und ist somit ein unauslöschliches Siegel. Denn die Zusage Gottes „Ich bin bei dir alle Tage" ist unverbrüchlich, ist in Stein gemeißelt. Um dies zu verdeutlichen, setzt man am besten dabei an, dass es Jugendlichen in ihren Freundschaften sehr wichtig ist, verlässlich und treu zu sein.

Beschreibung

Einstieg: Der/die FirmbegleiterIn zeigt Gütesiegel oder Bilder davon, auch Markenlabel können hier verwendet werden. In einem anschließenden kurzen Gespräch wird gemeinsam erarbeitet, was diese bedeuten, garantieren. „Welche Marken kennt ihr im Alltag? Was sind Siegel? Welche Bedeutung hatten sie früher?"
Die Firmlinge „besiegeln" nun selbst eine Botschaft an jemanden, den sie gern haben: FreundIn, PatIn. Dazu erhält nun jede/r ein Reagenzglas mit einem schönen Blatt Papier, das gerollt in das Reagenzglas passt, und schreibt nach den eigenen Vorstellungen all das auf, worauf sich der andere bei ihr/ihm wirklich verlassen kann! Dieses „Versprechen" im Reagenzglas wird dann zugekorkt und mit Siegelwachs versehen.

Variante

Das Siegel wird auf Kuverts angebracht.

Tipps/Achtung

Die Verwendung des Siegelwachses unbedingt vorher ausprobieren!

Infobox

Dauer 45 min
Alter 12 – 13 – 14 – 15 – 16 – 17
Vorbereitung * * * * *
Material: Siegelwachs oder rote Kerzen, ein Reagenzglas mit Korken bzw. ein Kuvert pro Firmling
Glossar Besiegelung, Sakramente

4. FIRMSYMBOL SALBEN

Grundsätzliches

Schon lange vor Jesus war die Salbung ein Zeichen für die Mitteilung des Geistes Gottes. Im Alten Testament wurden Könige, Priester und ProphetInnen gesalbt, um den Geist Gottes für ihre Aufgabe zu erhalten. Chrisam ist eine Mischung aus Olivenöl und Balsam, das der Bischof am Gründonnerstag weiht.

Beschreibung

Firmlinge mischen sich nach eigenem Geschmack Salben:
In die Salbenbasis werden ein paar Tropfen (3–5 reichen aus!) von einem ätherischen Duftöl eingerührt. Als „Tut-mir-gut-Salbe" wird sie bei verschiedensten Gelegenheiten (vom Liebeskummer bis zu schlechten Noten oder auch, positiv besetzt, bei schönen Erlebnissen) ganz bewusst verwendet. Also nicht für den Alltag!

Foto: Hannes Wechner

Tipps/Achtung

Damit auch Jungs an der Salbenherstellung Spaß haben, unbedingt auf Anwendungsbereiche von Salben für Männer hinweisen: z. B. beim Ringen ...!

Infobox

Dauer 20 min
Alter 12 – 13 – 14 – 15 – 16 – 17
Vorbereitung * * *
Material Ultrabas oder eine andere Grundcreme aus der Apotheke, verschiedene Duftöle (Rosenöl, Orange, auch herbere wie Zitrone, Lavendel, Eukalyptus für die Buben), Zahnstocher bzw. Spatel zum Einrühren der Duftöle, kleine Döschen
Glossar Salbung

5. ABLAUF DER FIRMUNG

Grundsätzliches

Um die Feier der Firmung ohne Nervosität erleben zu können, ist es wichtig, dass die Firmlinge wissen, was sie erwartet und wie die Feier verlaufen wird.

Beschreibung

Die einzelnen Elemente des Firmgottesdienstes, insbesondere die Spendung des Sakramentes, werden in Abschnitte zerteilt. (Ablauf unter behelf.firmung.at/6265 bzw. Leporello → **Firmbox**) Je zwei oder drei Jugendliche erhalten so einen Abschnitt und stellen diesen pantomimisch, als „eingefrorenes" Standbild dar. Die Bezeichnungen der einzelnen Teile werden dann gut lesbar am Boden davor abgelegt. Anschließend werden diese vermischt und die Gruppe bringt sie wieder in die richtige Reihenfolge.

Tipps/Achtung

Dieser Teil kann stark gekürzt werden oder auch entfallen, wenn eine eigene Firmprobe in der Pfarre angesetzt ist bzw. der Ablauf anderweitig durchgenommen wird.

Infobox

Dauer 30 min
Alter 12 – 13 – 14 – 15 – 16 – 17
Vorbereitung * * *
Material Firmablauf aus Web, Schere
Firmbox 7 **LEPORELLO MIT ABLAUF UND GEBETEN**

Ergänzendes Material

behelf.firmung.at/6265

ABSCHLUSS

Viele Elemente zu den einzelnen Zeichen aus dem Vertiefungsteil können bei entsprechender Atmosphäre auch als kleine Abschlussrituale für diese Einheit verwendet werden. Z. B. Handauflegung oder die Übung „Ich habe dich beim Namen gerufen".

1. SALBUNGSRITUAL

Grundsätzliches

Ein Salbungsritual kann ausdrücken: Du bist Gott wertvoll, Gott hat etwas mit dir vor und will dich für deinen Weg stärken.

Beschreibung

Die Firmlinge schreiben nur für sich auf einen kleinen Zettel eine Situation, ein Vorhaben, wo sie sich Stärkung wünschen. Diesen Zettel halten sie zwischen ihren Händen und ein anderer Firmling salbt diese auf der Außenseite mit folgendem Segensspruch:
„Ich salbe dich im Namen Gottes, der mit dir geht und dich liebt."
Kreuz mit Salböl auf die rechte Handaußenfläche:
„Und im Namen des Sohnes Jesus Christus, der in Freud und Leid an deiner Seite ist."
Kreuz mit Salböl auf die linke Handaußenfläche:
„Und im Namen des Heiligen Geistes, der dir Freude und Mut zum Leben schenkt."
Die Hände der/des Gesalbten zusammenlegen und zwischen den eigenen Händen halten:
„So segne dich der allmächtige und barmherzige Gott, der Vater, der Sohn und der Heilige Geist." (gemeinsam) „Amen."
Abschluss eventuell mit gemeinsamem Vaterunser und Händereichen.

Tipps/Achtung

Eine gegenseitige Salbung setzt sehr viel an Reife und Vertrauensbeziehung voraus! Ansonsten kann es – aus Unsicherheit – zur Blödelei werden!

Infobox

Dauer 25–35 min
Alter 12 – 13 – 14 – 15 – 16 – 17
Vorbereitung *
Material Salben, Segenstext, Zettel, Stifte
Glossar Salbung

ABLAUFVARIANTEN

MODELL 1

- Meine Heiligtümer (Sakrament des Zigarettenstummels)
- Schattenspiel – Handauflegung
- Salbe herstellen
- Ablauf der Firmung

MODELL 2

- Billy Billy Bob
- Siegel herstellen
- Salbe herstellen
- Salbungsritual
- Ablauf der Firmung

Die Fülle an Inhalten in diesem Kapitel ermöglicht es auch, zwei Einheiten zu gestalten.

MODELLABLAUF FÜR ZWEI EINHEITEN

Die erste beschäftigt sich mit den sieben Sakramenten und dem Symbolverständnis, die zweite mit den Firmsymbolen und dem Ablauf der Firmung.

EINHEIT 1: SAKRAMENT & SYMBOL

- Billy Billy Bob
- Geschenk machen
- Meine Heiligtümer (Sakrament des Zigarettenstummels)
- Salbungsritual

EINHEIT 2: SYMBOLE DER FIRMUNG

- Namen gerufen
- Firmsymbol Handauflegen
- Salbe herstellen
- Siegel herstellen
- Ablauf der Firmung

K8

Was noch wesentlich ist

Ein Kapitel für Firmverantwortliche und Interessierte

K8 – WAS NOCH WESENTLICH IST ...

In diesem Teil wird der theologische Zugang, dem der praktisch-methodische Hauptteil zugrunde liegt, entfaltet. Dieser Ansatz prägt wesentlich die Auswahl der inhaltlichen Schwerpunktsetzung sowie die Auswahl der Methoden.
Ergänzend finden sich Themenbereiche, die sich in der Praxis als hilfreich und vom theologischen Wissen her als notwendig erwiesen haben.

Foto: KJ Innsbruck

1. THEOLOGISCHE BLITZLICHTER ZUR FIRMUNG

Was ist Firmung? Ein Bild – drei Antworten

Um sich ein Bild davon zu machen, was Firmung bedeutet, lohnt sich der einfache Blick auf den **Ritus der Firmung** (siehe linkes Foto). Was zeigt dieses Bild?

1. Der Firmling steht im Mittelpunkt – das ist die erste Botschaft der Firmung.

2. Hinter dem Firmling steht der/die PatIn und legt ihm/ihr die Hand auf. Die zweite Botschaft der Firmung lautet: Du bist begleitet, du gehst nicht alleine.

3. Durch den Firmspender wird die dritte Botschaft der Firmung verdeutlicht. Er bestärkt den Firmling mit der Zusage, dass er/sie ein von Gott her begabter und für dieses Leben bestärkter Mensch ist. Firmung ist Bestärkung von Jugendlichen, damit sie stark werden für die Aufgaben, die das Leben an sie stellt.

FIRMUNG BEDEUTET BESTÄRKUNG. ABER WER BESTÄRKT HIER WEN?

Firmung kommt vom lateinischen Wort firmare d. h. bestärken.

- **Die Firmlinge bestärken ihren Glauben.**

Wenn die Firmlinge bei der Firmung ihren Glauben bekräftigen, dann ist Firmung eine Aufgabe für den Firmling, die er/sie zu erfüllen hat. Dies setzt eine eindeutige Entscheidung des Firmlings voraus. In diesem Fall

hat der Firmling eine Vorleistung zu erbringen, eine Art „Beweis", dass er/sie es ernst meint. Wird Firmung so verstanden, dann ist es durchaus angebracht, von den Firmlingen kirchliches Engagement vor der Firmspendung zu verlangen.
Die Firmvorbereitung bei diesem Ansatz war dann erfolgreich, wenn der Firmling in der Gemeinde „sichtbar" ist und bleibt, wie beispielsweise die Präsenz im Gottesdienst, aktive Mitarbeit in der Jugendarbeit ... Dass dem nicht immer so ist, zeigt die pastorale Praxis und wirkt sich dementsprechend demotivierend, ja frustrierend auf die beteiligten Verantwortlichen aus.
Wo bleibt dann das Wirken des Heiligen Geistes? Wo das Gnadengeschenk Gottes im Sakrament? Wo die Zuwendung Gottes zum Menschen?

- **Der Heilige Geist bestärkt die Firmlinge.**

Wenn es aber der Heilige Geist ist, der die jungen Menschen bestärkt, dann ist die Firmung eine Gabe, die für die Aufgaben des Lebens stärkt. Diese Stärkung ist während des ganzen Lebens ein Geschenk. Am Beginn der Pubertät bzw. dem Erwachsenwerden mit den besonderen Herausforderungen dieses Alters ist die Spendung des Sakramentes aber besonders sinnvoll.
Bei diesem Verständnis von Firmung sind weniger Vorleistungen nötig, die der Firmling erbringen muss. Die Firmvorbereitung ist hier erfolgreich, wenn der Boden bereitet wird für das Vertrauen, dass der Firmling, gestärkt durch den Heiligen Geist, das Leben meistern wird. Der Erfolg der Vorbereitung ist dann nicht an der pfarrlichen Präsenz ablesbar und befreit die FirmbegleiterInnen von diesem „Erfolgsdruck".
Gnade ist nicht machbar, sondern ein Geschenk!

FIRMUNG, DAS SAKRAMENT DER MÜNDIGKEIT IM GLAUBEN?

Häufig wird die Firmung heute als Sakrament der Mündigkeit verstanden, der Firmling verspricht jetzt selbst, was bei der Taufe die PatInnen im Taufgelübde übernommen haben. Firmung als bewusste Glaubensentscheidung ist aber ein relativ spät entstandener Gedanke.
Mündigkeit als Selbstbestimmung des einzelnen Menschen ist seit der Aufklärung ein Denkansatz und hat erst im Anschluss Einzug in die Firmtheologie gehalten (vgl. Geschichte der Firmung).
Wie sinnvoll und realistisch ist diese Definition von Firmung?
Junge Menschen, die durch immer länger werdende Ausbildungen immer später ein selbstständiges Leben führen, sind überfordert, mit 12 oder 14 Jahren eine bewusste Glaubensentscheidung zu treffen. Auch in anderen Lebensbereichen wird diese Verantwortlichkeit in ihrem Alter noch nicht erwartet.
In diesem Zusammenhang wird oft die Erhöhung des Firmalters gefordert, um die „Reife", die dazu notwendig sei, zu erlangen. Aber Hand aufs Herz: Im Rückblick auf unsere Zeit als 18- bzw. 19-Jährige haben die meisten von uns noch keine eindeutige, unverrückbare Entscheidung getroffen, sondern waren im Gegenteil auf der Suche. Und in unserer pluralen Welt der vielen Glaubens- und Sinnangebote wird diese Entscheidung nicht leichter.

Firmung als Gnadengeschenk, um einen guten Glaubensweg beim Erwachsenwerden zu gehen – ja! Firmung als Sakrament der mündigen Glaubensentscheidung hingegen überfordert!

FIRMUNG ALS INITIATION

Die Sakramente der Kirche sind keine Einzelereignisse. Sie sind sowohl aufeinander bezogen als auch Begleiter unseres ganzen Lebens- und Glaubensweges. Sie werden in der katholischen Kirche an Wendepunkten des Lebens gefeiert und können so auch als Übergangsrituale verstanden werden. Sakramente sind Heilszusagen an konkrete Menschen in konkreten Lebenssituationen. Das gilt insbesondere für die drei Sakramente, die für uns die Grundlegung der christlichen Initiation bilden, eben Taufe, Firmung und Eucharistie.

Sie wurden in der frühen Kirche – und auch heute bei Erwachsenen – als ein Sakrament (Reihenfolge: Taufe, Firmung, Eucharistie) gespendet. Diesen Zusammenhang haben auch die orthodoxen Kirchen bis heute beibehalten. Die Firmung ist – als zweite Stufe der christlichen Initiation (Eingliederung in die Kirche) – die Vollendung der Taufe.

Die Situation der Firmlinge (ob mit 12, 14 oder auch noch mit 17 Jahren) ist geprägt von der Pubertät oder Adoleszenz und den starken körperlichen und seelischen Umbrüchen.

Oft ist es noch gar nicht das andere Geschlecht, sondern es sind die eigenen körperlichen Veränderungen und die Auseinandersetzungen mit der Rolle als Frau, als Mann, die den angehenden Jugendlichen zu schaffen machen. Unsicherheit in Bezug auf den eigenen Körper und die Angst, den Erwartungen nicht entsprechen zu können, machen sich breit.

Jungen und Mädchen erleben diese Zeit durchaus unterschiedlich und brauchen zeitweise einen „geschützten Raum", wo sie unter sich sind und ihre Erfahrungen austauschen können.

Die Firmung ist das Versprechen, dass Gott in den Herausforderungen des Lebens beisteht. Von daher müssen wir die Lebenssituation der Firmlinge ernst nehmen.

In der Vorbereitung der Jugendlichen auf das Erwachsenwerden gilt es, die Begabungen und Hoffnungen der Jugendlichen zu stärken. Dabei müssen uns auch ihre Fragen und Zweifel ein Anliegen sein.

UNFASSBAR: GEDANKEN ZUM HEILIGEN GEIST

Der Heilige Geist ist in der Sprache Gottes der Ausdruck für: „Ich bin bei euch, alle Tage bis ans Ende der Welt."

Reden vom Geist fällt uns schwer; und das nicht zu Unrecht. Denn der Geist sperrt sich „von Natur aus" gegen eine festschreibende Definition. Er wird – bereits am Beginn der Bibel – als eine heftige, plötzliche Bewegung oder als schöpferisches, kraftvolles Wirken beschrieben. Im Heiligen Geist wendet sich Gott selbst uns zu.

Wichtiger als die Frage „Wer ist der Heilige Geist?" ist die Frage, wie er bzw. sie * wirkt.

Gottes Geist wirkt nach dem Alten Testament ermutigend und stärkend – erweckt ProphetInnen und Könige wie Elias und David ... Er/sie ist schöpferisch, macht lebendig (Gen 1) und bewirkt Erneuerung (Ez 37).

Im Neuen Testament stiftet er/sie Gemeinschaft (Pfingsten, Apg 2), wirkt in allen Getauften befreiend und stärkend (Röm 5), lässt sich nicht festschreiben und ist von daher „gefährlich" und beunruhigend, wo Stillstand droht („Der Wind weht, wo er will ... ", Joh 3,8). Unsere Charismen und Stärken sind seine/ihre Geschenke und Gaben (1 Kor 12).

Ihrem Wirken auf die Spur zu kommen und diese Spuren in unserem Leben zu entdecken, das ist alles, worum es in der Firmvorbereitung geht und was den Jugendlichen in der Firmung feierlich zugesprochen wird.

*Der hebräische (ruach) wie der griechische Begriff (pneuma) für Geist ist weiblich.

WAS FIRMUNG UND FIRMVORBEREITUNG NICHT SIND ...

- **Firmung ist nicht die Firmvorbereitung.**

Redet man mit jemandem über die Firmung, geht es in der Antwort meist um die Art der Firmvorbereitung. Damit verliert das Fest der Firmung selbst aber an Bedeutung, geht der Geschenkcharakter des Sakramentes unter! Firmvorbereitung ist wichtig, aber sie ist nicht das Zentrum des Sakramentes!

- **Firmung bzw. Firmvorbereitung ist kein „Crashkurs" in Glaubenswissen.**

Auch wenn die Versuchung groß ist: Weder die Firmung noch die Firmvorbereitung können und sollen das gesamte christliche Grundwissen vermitteln. Es würde auch rein zeitlich den Rahmen der Vorbereitung sprengen. Die Vermittlung des Glaubenswissens gehört zu den Aufgaben des Religionsunterrichts.

- **Firmung ist keine Imagepolitur für die Jugendarbeit der Pfarre.**

Natürlich ist es schön, wenn im Gottesdienst viele Jugendliche, sprich Firmlinge zu sehen sind. Und auch den Firmlingen tut es gut, eine Jugendvesper mitzuerleben, bei einer sozialen Aktion mitzumachen, im Jugendchor mitzusingen etc. – solange es freiwillig geschieht und wenn ihnen neue Möglichkeiten eröffnet werden. Jugendliche spüren aber sehr genau, wenn sie instrumentalisiert werden, um die Jugendarbeit in der Pfarre aufzupolieren!

- **Firmung ist nicht das Sakrament des Bischofs.**

Es ist positiv, dass Jugendliche der Kirche so wichtig sind, dass der Bischof oder sein Stellvertreter zur Firmung in die Pfarren kommen. Im Mittelpunkt sollen aber selbstverständlich weiter die Firmlinge stehen und ihre Art zu feiern – nicht die (vermeintlichen) Vorstellungen des Bischofs.

- **Firmung ist keine Brauchtumsveranstaltung.**

Musikkapelle, Goldhauben, Trachtenvereine und Schützen sind häufig auch gern gesehene Mitwirkende an der Firmfeier. Aber auch hier gilt: Im Zentrum stehen die Firmlinge und kein Brauchtum, an das „man" sich unbedingt halten muss, „weil das halt immer so war". Nur so kann die Feier zu einem inneren Geschehen werden.

- **Firmung ist keine Magie.**

Es ist grundsätzlich gut, dass auch Kirchenferne zur Firmung kommen. Jesus hat nie jemanden aus seiner Nähe verwiesen. Manchmal steht dahinter aber der fast magisch verstandene Wunsch nach göttlichem Schutz. Im Sakrament der Firmung wird der Beziehungscharakter – die Liebesbeziehung Gottes zu den Menschen – in den Vordergrund gerückt.

Vorsicht: Diese Theologien geistern durch viele Köpfe und können zu Stolpersteinen werden, wenn sie nicht bewusst gemacht werden!

2. GESCHICHTE DER FIRMUNG

Das Sakrament der Firmung existierte nicht von Anfang an. Die Firmung entwickelte sich erst im Laufe der Jahrhunderte zu einem eigenständigen Sakrament.

Urkirche	bis 2. Jh.	kein eigenständiger Firmritus; Handauflegung ist mit dem Taufritus verbunden.
Kirchenväterzeit	bis 4. Jh.	Hippolyt von Rom praktiziert eine erste Vorform eines gesonderten liturgischen Firmritus, Handauflegung ist Abschluss des Taufritus; „Ich salbe dich mit dem heiligen Öle in Gott, dem allmächtigen Vater, und in Christus Jesus und im Heiligen Geist."
Frühmittelalter	ab 4 Jh.	Handauflegung löst sich von der Taufe, aber weder theologisch reflektiert noch liturgisch festgelegt; Priester und Diakone durften wohl das Wasserbad und die Salbung, aber nicht die geistverleihenden Riten wie Handauflegung und Besiegelung vollziehen, diese blieben dem Bischof vorbehalten.
	9. Jh.	Pontifikale von Konstanz: erstes allgemein gültiges Firmritual
Hochmittelalter	12. Jh.	Theologischer Unterschied zwischen Taufe und Firmung wird geklärt; die spezifische Wirkung des Firmsakramentes wird definiert: „Mitteilung des Heiligen Geistes zu kraftvollem Handeln gegen äußere und innere Feinde."
	1280	Synode in Köln: Als Mindestalter für den Empfang des Sakramentes der Firmung wurde sieben Jahre festgelegt.
Reformation	16. Jh.	Die Reformatoren lehnen die Sakramentalität der Firmung ab. Sie sehen in der Eigenständigkeit der Firmung eine Abwertung der Taufe und eine Überbewertung des bischöflichen Amtes. Die katholische Kirche hält an der Sakramentalität fest.
Aufklärung	18. Jh.	Die Pastoral verlangt, dass die FirmwerberInnen durch eine gründliche Katechese auf die Firmung vorbereitet werden sollten. Dadurch wird die Mündigkeitserklärung der jungen ChristInnen in den Vordergrund gestellt.

II. Vatikanisches Konzil	20. Jh.	Neu betont wird, dass die Firmung zur christlichen Initiation gehört. Ferner wird die Teilhabe am allgemeinen Priestertum der Laien an Taufe und Firmung festgemacht. Neu ist auch die Verbindung von Gabe und Aufgabe im Zusammenhang mit der Firmung, mit der Geistgabe ist die Pflicht zum tätigen Zeugnis für Christus verbunden.
Firmordo	1971	In der „Apostolischen Konstitution über das Sakrament der Firmung" wird der neue, nachkonziliare Firmritus verankert. In der geänderten Spendeformel tritt der Heilige Geist als „Hauptakteur" hervor, gleichzeitig zieht sich der bischöfliche Amtsträger „zurück". Von: „Ich bezeichne dich mit dem Zeichen des Kreuzes und stärke dich mit dem Chrisam des Heiles im Namen des Vaters und des Sohnes und des Heiligen Geistes." in: „Sei besiegelt durch die Gabe Gottes, den Heiligen Geist."

3. FIRMMODELLE

DER STEIN DER WEISEN: DAS RICHTIGE FIRMMODELL

- DAS richtige Firmmodell gibt es nicht. Ein Blick in die Pfarren zeigt, dass es viele verschiedene Wege gibt, um Jugendliche gut auf das Sakrament der Firmung vorzubereiten.
- Glaube entzündet sich an Personen – von daher darf die Frage nach dem richtigen Modell ein wenig in den Hintergrund treten. Was Jugendlichen hilft, sich auf das Sakrament vorzubereiten und einzulassen, sind zuerst Begegnungen und Beziehungen zu „lebendigen" und gläubigen Menschen.
- Kein Firmvorbereitungsmodell soll in Stein gemeißelt sein, denn Jugendkulturen und gesellschaftliche Hintergründe und somit die Situation in der Pfarre ändern sich rasch.
- Der Umfang eines Modells sagt nichts über seine Qualität aus.
- Qualität entsteht dadurch, dass es dem Jugendlichen im Rahmen der Firmvorbereitung möglich wird, zahlreiche Beziehungen aufzubauen: Beziehungen untereinander, zu den BegleiterInnen und ProjektleiterInnen und natürlich zu Gott. Denn jedes Sakrament ist ein Beziehungsgeschehen zwischen Gott und dem Menschen.

ÜBERBLICK: FIRMVORBEREITUNGSMODELLE

Modell	Gruppenstunden	Vorbereitungstage	Projektorientiert
Zeitrahmen/ Ablauf	• Ca. 8–10 Treffen der Firmgruppen (meist 14-tägig) • Vorstellungs- und Firmgottesdienst • Versöhnungsfeier	• 2 x Wochenende (Fr–So) • 1 x 4 Tage (Mi–So oder Fr–Di) • 2 x Fr-Nachmittag + Sa + 1 Projekt pro Firmling + Vorstellungs- und Firmgottesdienst	• Firmgruppen wählen aus vier Kernbereichen der Pfarre Projekte aus. • Inhaltliche Einheit (evtl. Sa oder Wochenende) • Vorstellungs- und Firmgottesdienst
Mitarbeiter	• Firmverantwortliche/r • FirmbegleiterInnen	• Firmverantwortliche/r • FirmbegleiterInnen • ProjektleiterInnen	• Firmverantwortliche/r • ProjektleiterInnen • FirmbegleiterInnen für Wochenende
Organisatorischer Aufwand	• FirmbegleiterInnen finden und betreuen • Elternabend • Inhalte und Gottesdienste vorbereiten	• Haus/Verpflegung • Transport	• Verwaltung der Anmeldungen • Kontrolle der Teilnahme • Ausarbeitung von Projekten • Elternabend
Kosten	• Behelf • Arbeitsmaterial	• Unterkunft/Essen • Anreise	• Materialaufwand für Projekte • eventuell ProjektreferentInnen
Zu beachten	• GruppenleiterInnen vorbereiten und begleiten	Einbindung des Ortspfarrers/der Pfarrgemeinde (Vorstell-GD)	• Kontrolle, ob alle mitmachen
Vorteile	• fixe (Klein-)Gruppen • Gruppe lernt sich im Laufe der Zeit kennen	• Auszeit kommt Jugendlichen entgegen. • Wochenende stärkt Gruppe und Beziehungen. • intensive (Glaubens-) Erlebnisse möglich	• Einbindung vieler pfarrlicher MitarbeiterInnen • Firmlinge suchen Programm aus. • Eigenverantwortlichkeit

Nachteile	• Hohe Ähnlichkeit mit Schulsituation • kaum Nacharbeit • selten Einbindung in die Pfarre • Schwierigkeit, BegleiterInnen zu finden	• Wenn Firmling am Wochenende fehlt, versäumt er viel. • kaum Nacharbeit • Zusätzliche Angebote sind aufgrund der seltenen Treffen dringend anzuraten (Projekte, sonstige freiwillige Angebote).	• Nacharbeit ungeklärt • Viel Arbeit hängt am Firmverantwortlichen. • wenig Gemeinschaftserfahrung

Modell	Pfarrübergreifend	Differenzierte/ Gestufte	Firmung mit 17
Zeitrahmen/ Ablauf	• Ca. 12 Einheiten 6–8 Einheiten in pfarrübergreifender Großgruppe 4–6 Einheiten in Projektarbeit	**Kurzform + Langform** • Beide Formen werden angeboten. • Freiwillige Auswahl durch die Firmlinge • Auf jedes Modell anwendbar	• 3–4 Jahre dauernde Vorbereitungsphase: regelmäßige Treffen oder Wochenenden • Im Intensivjahr: „Glaubenskurs"
Mitarbeiter	• Team • FirmbegleiterInnen in jeder Pfarre • ProjektleiterInnen	• vgl. entsprechendes Projekt	• Firmverantwortliche/r • Firmteam (zur Unterstützung) • Gruppenbegleiter
Organisatorischer Aufwand	• Ausarbeitung von Projekten • Koordination mehrerer Pfarren • Vorbereitung und Begleitung der BegleiterInnen	• Für Kurzform: 1–2 Intensivnachmittage • Langform: vgl. entsprechendes Projekt	• Mitarbeiterfindung und -begleitung • Überzeugungsarbeit in Pfarre und PGR • Programm für Intensivjahr
Kosten	• Materialaufwand für Projekte • eventuell ProjektreferentInnen	• vgl. entsprechendes Projekt	• Je nach Aufwand
Zu beachten	• Abstimmung zwischen den Pfarren	• Gute Einführung des Projekts • Chancen der Langform darstellen	• Lange Bindung der BegleiterInnen • Viel Überzeugungsarbeit

Vorteile	• Einbindung vieler pfarrlicher Mitarbeiter • Firmlinge suchen Programm aus. • Eigenverantwortlichkeit • Nacharbeit vorgesehen • Finanz- und Ressourcenoptimierung	• Jugendliche können sich für eigenen Weg entscheiden. • Uninteressierte Jugendliche sind aber dennoch vorbereitet. • Intensives Arbeiten mit „Freiwilligen"	• Vorerst eher wie Jugendgruppe • Intensive Beziehungen über längeren Zeitraum
Nachteile	• hoher Koordinationsaufwand	• Dynamik unter Jugendlichen kann auch in Richtung Kurzform gehen.	• Hoher Aufwand • Widerstand wegen Firmalter • Lange Bindung der BegleiterInnen

Viele Pfarren entscheiden sich mittlerweile für ein Modell, das sie aus Teilen unterschiedlicher Modelle zusammenstellen und so an ihre Bedürfnisse und Möglichkeiten anpassen. Folgende sieben Schritte sind bei der Suche eines Modells hilfreich.

SIEBEN SCHRITTE ZUR AUSWAHL EINES PFARRLICHEN FIRMMODELLS

Die folgenden Gedanken sind eine Einladung an Pfarrgemeinden, Pfarrverbände bzw. Seelsorgeräume, wenn sie auf der Suche nach neuen Ansätzen für die Vorbereitung auf das Sakrament der Firmung sind.
WICHTIG: Der Auswahl des Modells haben einige wesentliche Fragen vorauszugehen (siehe unten). Der zeitliche Umfang für die Findung eines neuen Modells ist mit ca. drei bis fünf Sitzungen (à 3 h) anzunehmen.

1 **Was heißt Firmung für mich persönlich?**
Das ist die erste Frage in diesem Prozess. Sie erlaubt, die verschiedenen Firmtheologien der am Prozess Teilnehmenden wahrzunehmen. Von diesen verschiedenen persönlichen Blickwinkeln ausgehend wird als Nächstes auf die Firmtheologie geschaut.

2 **Von der Firmtheologie ausgehend**
(siehe auch Beginn dieses Kapitels)
Firmung kommt vom Lateinischen „firmare" und bedeutet bestärken. Firmung ist Feier und Erinnerung, dass Gott uns mit seinen Gaben stark macht für die Aufgaben des Lebens und die Aufgaben als ChristInnen.

3 **Der Firmling steht im Mittelpunkt**
Während der gesamten Planungsphase ist dieses Prinzip nicht aus den Augen zu verlieren. Die Jugendlichen und ihre Kulturen sind ernst zu nehmen. Es gibt nicht den oder die typische/n Jugendliche/n. Diese Unterschiedlichkeit muss im Konzept Platz haben (siehe differenzierte Firmvorbereitung).

4 **Welche Ressourcen haben wir?**
Der Aufwand für verschiedene Modelle in der Firmvorbereitung ist sehr unterschiedlich. Vor der Auswahl eines Modells ist zu

klären, welche personellen, zeitlichen und finanziellen Ressourcen voraussichtlich in den nächsten Jahren zur Verfügung stehen werden.

5 **Vor- und Nachteile der Modelle abwägen**
Die Übersichtsliste über die verschiedenen Firmmodelle und auch Methoden der Firmvorbereitung (Materialien im Web) geben einen guten ersten Überblick. Darin sind auch einige Kriterien für die Zusammenarbeit bei der Firmvorbereitung im Seelsorgeraum angeführt. Da die Firmvorbereitung Aufgabe der Pfarre ist, ist es unerlässlich, jedes neue Modell im Pfarrgemeinderat zu diskutieren und abstimmen zu lassen.

6 **Beratungsmöglichkeit durch die Diözese nützen**
In den meisten (Erz-)Diözesen gibt es ReferentInnen für Firmpastoral, die bei einer Neuausrichtung der Firmvorbereitung beratend zur Seite stehen.

7 **Information und Kommunikation**
Rechtzeitige Information der Pfarrgemeinde bzw. der betroffenen Firmlinge und Eltern über das neue Konzept sowie über die Motive der Entscheidung.

- Wenn wir den jungen Menschen in seinem konkreten Sein ernst nehmen, so müssen wir auch seine Bedürfnisse, die Möglichkeit seiner religiösen Ausdrucksformen ernst nehmen.
- Differenzierte Firmpastoral heißt, dass eine Basisvorbereitung für alle FirmbewerberInnen angeboten wird.
- Ein großes Anliegen ist ein vertiefendes Angebot für jene FirmbewerberInnen, die sich mit ihrem Glauben intensiver auseinandersetzen wollen. So können Firmlinge bedürfnisorientiert ihren Weg wählen.
- Es gibt Angebote für spezielle Zielgruppen: Burschen und Mädchen, Kreative, Sportliche ...
- Ist dies einzelnen Pfarren nicht möglich, können die Angebote überregional im Seelsorgeraum, im Pfarrverband oder im Dekanat organisiert und durchgeführt werden.
- Für die Pfarren in einer Region ergeben sich dadurch die Möglichkeiten, untereinander Kooperationen einzugehen, sowie Schwerpunkte in der Vorbereitung anzubieten und durchzuführen.
- Durch eine differenzierte Firmpastoral wird die Angebotspalette nicht automatisch erweitert, sondern die Gewichtung in der Intensität und Dauer verschoben.

DIFFERENZIERTE FIRMVORBEREITUNG

Den unterschiedlichen Vorerfahrungen und Erwartungen der Jugendlichen kann mit einer ausreichenden Differenzierung des Angebots begegnet werden. Die so genannte differenzierte Firmpastoral ermöglicht verschiedene Zugangswege zum christlichen Glauben und Leben und würdigt so die Einzigartigkeit der jungen Menschen:

BEWÄHRTES AUS DER PRAXIS

Hier werden Tipps und Ideen zum Ausprobieren und als Inspiration vorgestellt. Manches davon dürfte bekannt sein, anderes gibt vielleicht den Anstoß, etwas Neues zu versuchen, es so oder anders auch auszuprobieren. Im Folgenden exemplarisch ein kleiner Ausflug in die „etwas andere" Firmvorbereitung.

- **Aufbruch ins Ungewisse – mit Gott unterwegs**

Die Idee: sich mit einer Gruppe von Firmlingen (max. 5 Personen) für zwei bis drei Tage auf den Weg zu machen und dabei nur das Nötigste (Schlafsack, Matte, Waschzeug, Wechselgewand, Taschenlampe, Trinkflasche ...), **aber kein Geld** mitzuhaben.
Aufgabe der Firmlinge ist, sich Essen und Quartier selbst zu organisieren. Beim Unterwegssein entstehen fast von selbst Gemeinschaft, Ideen, Mut sich auszuprobieren, Neues zu wagen ...
Folgende Fragen können während des gemeinsamen Gehens aufkommen oder zum Thema gemacht werden:
- Wie gehe ich damit um, bedürftig zu sein?
- Auf was kann ich verzichten?
- In welchem „Geist" begegne ich den Menschen?
- In welchem „Geist" begegnen uns die Menschen?
- Was macht es aus mir, mit Offenheit empfangen zu werden?
- Wie erlebe ich Misstrauen und Angst?

- **Outdoor/ Wildnistage – viele Wege führen zu Gott, einer führt über die Natur**

Die Idee: gemeinsam mit Jugendlichen ca. zwei bis vier Tage in der Natur/Wildnis verbringen. Das ist nicht jedermanns/-fraus Sache. Jedoch wer sich darauf einlässt, wird viel über sich, die Gruppe und auch über seine Beziehung zu Gott erfahren können. Denn nichts wirkt unmittelbarer als die Natur. Unter einer Plane, in einer Berghütte, in einem Stall schlafen, am Lagerfeuer kochen, gemeinsam unterwegs sein, mit einfachen erlebnispädagogischen Übungen arbeiten ...
Für diese Art der Firmvorbereitung braucht es nicht viel Material. Hier ist Erfahrung gefragt im Umgang mit Jugendlichen und der Natur. Beides verträgt sich – natürlich auf freiwilliger Basis – sehr gut.
Wer kann das leisten? Ist das Firmteam damit nicht überfordert?
Warum nicht beim örtlichen Bergrettungsdienst, beim Alpenverein, den Naturfreunden, einem/r Outdoorpädagogen/-in nachfragen und gemeinsam ein Programm auf die Füße stellen?
Variante: mit dem Fahrrad, mit dem Kanu ...

- **Nacht des Feuers – Nacht des roten Mondes**

Die Idee hinter dieser besonderen Form der geschlechtssensiblen Firmvorbereitung: Firmung bedeutet nicht nur Initiation in die Gemeinschaft der ChristInnen. Firmung findet auch zu einer Zeit statt, in der Jungen zu Männern und Mädchen zu Frauen werden. Bei diesem Ansatz wird besonders deutlich, dass Gott in den Zeiten der Umbrüche mit uns ist und uns stärkt.
Weitere und vertiefende Infos finden sich im Firmbehelf „Feuer in mir" von Felix Dobler-Rohner und bei der Katholischen Jugend Salzburg.

- **PatInnen an die Macht**

PatInnen sind besonders in der Firmvorbereitung, aber auch im weiteren Leben wichtige Bezugspersonen. In ihnen liegt ein in vielen Pfarren noch unentdeckter Schatz im Acker der Firmvorbereitung. Sie miteinzubeziehen ist nicht schwierig:
- bei Workshops, Veranstaltungen, Gottesdiensten und auch bei speziellen Angeboten für PatInnen und Firmlinge wie dem Firmlings-PatInnen-Nachmittag

Die Website www.firmung.at zeigt eine Vielzahl an Möglichkeiten und Modellen auf.

FIRMUNG IM SEELSORGERAUM/ PFARRVERBAND

Der Rückgang an Gläubigen und die Zuständigkeit von immer weniger Hauptamtlichen für größere Räume in der Seelsorge führt dazu, Firmvorbereitung vielerorts **pfarrübergreifend** durchzuführen.
Geschieht die Vorbereitung in Seelsorgeräumen oder gar im Dekanat, ergeben sich neben möglichen Stolpersteinen auch eine Fülle an Chancen. Die folgende Aufzählung enthält Erfahrungen aus der Diözese Linz, gibt eine gute Übersicht über die Herausforderungen einer pfarrübergreifenden Firmvorbereitung und zeigt, was förderlich ist:

- gemeinsame Firmtheologie als Basis
- Transparenz bei Konzeption, ausreichend Reflexionsschleifen
- Genügend Zeit für Zielklärung: Warum wollen wir es machen? Was erwarten wir uns davon?
- Austausch über „Abstriche" im eigenen Modell im Vorfeld
- Der Seelsorgeraum entscheidet über die Intensität der Gemeinsamkeiten.
- ähnliche Modelle in den Pfarren
- ähnlicher Anmeldezeitraum in den Pfarren (ansonsten Organisationsschwierigkeiten mit Projekten)
- gemeinsame Termine ALLER BegleiterInnen
- eine Person für die Koordination – wobei in jeder Pfarre Selbstständigkeit bleibt
- gute Integration der Ehrenamtlichen ins Kernteam, ihre Eigenständigkeit ernst nehmen
- Gemeinsames Logo kann Sinn machen (für Aussendungen ...).
- gutes Verhältnis zu den SekretärInnen

4. DIE FIRMBEGLEITERINNEN

Nur was in dir selber brennt, kannst du in anderen entzünden.

WAS FIRMBEGLEITERINNEN MITBRINGEN SOLLEN

Den/die ideale/n FirmbegleiterIn gibt es nicht. Es gibt aber eine Grundeinstellung, die jede/r FirmbegleiterIn mitbringen sollte: Freiwilligkeit und ein offenes Herz für Jugendliche, d. h. ein gewisses Verständnis für ihre Lebensweise, Lebensphase und Neugierde auf ihre Fragen.
Dazu kommen eine Verwurzelung im Glauben und die Offenheit für die Auseinandersetzung mit religiösen Fragen.

ELTERN ALS BEGLEITERINNEN?

Die Frage, ob Eltern die BegleiterInnenrolle übernehmen sollen, muss mit Blick auf die betroffenen Jugendlichen beantwortet werden. Es gibt Jugendliche, die sich das Engagement der Eltern wünschen, und solche, die es strikt ablehnen, dass ihre Eltern in der Vorbereitung eine Rolle spielen. Im jedem Fall sollten die Jugendlichen ernst genommen werden.
Weiters ist zu bedenken, dass es Aufgabe des Erwachsenwerdens ist, sich von den eigenen Eltern ein Stück weit abzunabeln, um selbstständig zu werden. Die Sichtweisen und die Zuwendung anderer Menschen helfen, den eigenen Horizont zu erweitern.

GLÜCKSFALL FIRMTEAM

Ein Firmteam, das im Kern über mehrere Jahre konstant bleibt, ist ein Glücksfall für jede Firmvorbereitung. Die Kontinuität und die Erfahrungen des Teams helfen, neu hinzugekommenen BegleiterInnen den nötigen Halt zu geben. Häufig überträgt sich eine gute Stimmung unter den BegleiterInnen auf die Firmlinge. Zudem sorgt diese Kontinuität in der Begleitung für die notwendige Weiterentwicklung der Firmarbeit in der Pfarre.
Dieser Glücksfall kann sich in sein Gegenteil verkehren, wenn es ein Team nicht schafft, regelmäßig neue MitarbeiterInnen zu gewinnen und so zu einer „grauen Eminenz" wird, die nicht bereit ist, sich auf veränderte Bedingungen einzulassen und das eigene Firmmodell zum „Dogma" erklärt.

DAS VIERAUGENPRINZIP (JUNG & ALT)

Vier Augen sehen mehr als zwei. Viele BegleiterInnen wünschen sich eine zweite Person, die mit ihnen die Gruppe leitet. Bei Gruppen über acht Personen ist man zu zweit auf jeden Fall flexibler, aber auch bei Gruppen von fünf bis acht Personen können sich z. B. eine jüngere und eine ältere Begleitperson durch ihre unterschiedlichen Perspektiven und Rollen gut ergänzen. In einigen Pfarren werden Firmlinge der vorhergehenden Jahrgänge eingeladen, die Firmvorbereitung gemeinsam mit älteren FirmbegleiterInnen mitzugestalten.

BEGLEITERINNEN SUCHEN ... UND FINDEN!

- **Jugendliche suchen sich ihre BegleiterInnen selbst:** Diese Möglichkeit verlangt von den Firmverantwortlichen ein gewisses Maß an Flexibilität. Einerseits braucht es die Unterstützung der Gruppen, wie sie bei der Suche vorgehen sollen. Andererseits sollte man als Verantwortliche/r einige BegleiterInnen im Talon haben, wenn sich zu wenige Personen bereiterklären, diese Aufgabe zu übernehmen. Eine Chance ist es allemal, wenn die Jugendlichen bereits vor dem eigentlichen Beginn in die Vorbereitung einbezogen werden.
- **PatInnen einbeziehen:** Unter den PatInnen finden sich immer wieder Personen, die gerne bereit sind, eine Gruppe bis zur Firmung zu begleiten. Auch zeitweise oder projektbezogene Mitarbeit ist eine Bereicherung für die Vorbereitung.
- **Die Kreise weiter ziehen:** Warum nicht einmal den Blick über das typisch pfarrliche Milieu hinausschweifen lassen und bei der Frage ansetzen: Welche Menschen können gut mit Jugendlichen umgehen? Viele dieser Menschen sind für religiöse Fragen offen, auch wenn sie keine großen Kirchgänger sind.

CHECKLISTE FÜR DIE BEGLEITUNG

- ❑ klare Informationen über Ablauf und Termine
- ❑ Unterstützung bei der Vorbereitung
- ❑ Einladung zu Schulungen
- ❑ gut strukturierte Materialien und
- ❑ evtl. gemeinsame Vorbereitung von Inhalten
- ❑ Unterstützung bei Konflikten
- ❑ Mitbestimmung bei wesentlichen Fragen
- ❑ zwischendurch Nachfragen, wie es läuft
- ❑ Anerkennung für die geleistete Arbeit ...
  - im Firmgottesdienst
  - mit gemeinsamen Abschlussessen
  - mit einer kleinen symbolischen Aufmerksamkeit

5. ORGANISATORISCHE ZEITLEISTE – WANN IST WAS ZU TUN?

Je nach Firmmodell, Größe der Pfarre ... wird auch der Zeitplan unterschiedlich aussehen bzw. sich nach hinten oder vorne verschieben. Mit der Suche nach BegleiterInnen, Firmspender und Quartier kann nie früh genug begonnen werden.

Zeitraum	Aktivität
März bis Mai	• Suche der BegleiterInnen, eines Quartiers für ein mögliches Wochenende, des Firmspenders • Mit wie vielen FirmkandidatInnen habe ich zu rechnen? • Wie viele FirmbegleiterInnen werden zur Firmvorbereitung benötigt?
September/Oktober	• Ankündigung im Pfarrblatt • Anmeldeformulare in der Kirche auflegen (Wann und wo kann man sich anmelden? Anmeldeschluss? Wann und wo startet die Vorbereitung? ...) • Verlautbarungen bei den Sonntagsgottesdiensten • Meldung im bischöflichen Ordinariat (Firmspender, Firmtag, Pfarrfirmung oder öffentliche Firmung)
November	• 1. Treffen der FirmbegleiterInnen, gemeinsame Besprechung der Rahmenbedingungen (bei Projekten: Wer übernimmt welches Projekt?), Materialbeitrag ... • Termine festlegen (Firmvorstellungsgottesdienst, Versöhnungsfeier, gemeinsames Wochenende, Pfarraktion, Teilnahme an regionalen, diözesanen Veranstaltungen, Eltern- und PatInnenabend, Firmlings-PatInnen-nachmittag) • 2. Treffen der FirmbegleiterInnen
Dezember/Januar	• **Firmstart** – Jugendliche erhalten die ersten Infos, wie die Firmvorbereitung abläuft.
Januar bis März	• Eltern- und PatInnenabend
Februar/März	• Firmvorstellungsgottesdienst – Jugendliche der Pfarre bzw. die Pfarrgemeinde gestalten im Rahmen eines Gemeindegottesdienstes einen Jugendgottesdienst für und evtl. mit den Firmlingen.
April/Mai	• Versöhnungsfeier in der Pfarre bzw. am Firmwochenende • Ausstellen der Firmkarten • Vorbereitung für den Firmtag in der Gemeinde • Suche BegleiterInnen, Firmspender, Quartier für das kommende Jahr (s. o.) • Probe für die Firmung
Mai/Juni	• Firmung • Abschlussreflexion & Abschlussessen mit den FirmbegleiterInnen

CHECKLISTE FÜR DEN FIRMTAG

Was ist zu organisieren? Dabei sind die ortsüblichen Gegebenheiten zu berücksichtigen!

- **Kontakt mit dem Firmspender:** Gottesdienst rechtzeitig vorbereiten und dem Firmspender übersenden, Firmspender zum Mittagessen einladen (sinnvoll ist, dies schon vor dem Firmtag zu tun!), Firmspender bitten, dass er sich nach der Feier noch für Fotos zur Verfügung stellt.

- **Dienste im Gottesdienst:** Chor und Musik rechtzeitig organisieren, Einteilung der LektorInnen, Ordnerdienst beim Gottesdienst (diese Person führt die FirmkandidatInnen mit den PatInnen aus den Bänken und zum Platz der Firmspendung; sie achtet darauf, dass das Fotografieren während der Feier vermieden wird, um den Gottesdienst nicht zu stören), Proben mit allen Beteiligten

- **Fotografieren beim Gottesdienst:** eventuell eine/FotografIn beauftragen.

- **Einige Blanko-Firmkarten mit Pfarrsiegel in der Sakristei bereitlegen:** So kann noch kurzfristig für FirmkandidatInnen aus der eigenen Pfarre eine ausgestellt werden!

- **Festzug:** Wer stellt ihn zusammen? Ordnerdienst: Muss eine Straße abgesperrt werden oder müssen Halte- bzw. Parkverbotstafeln am Versammlungsplatz aufgestellt werden? Polizei und Gemeinde verständigen und um Mithilfe ersuchen, die Musikkapelle rechtzeitig einladen.

- **Parkmöglichkeit** für den Firmspender in der Nähe der Kirche bereitstellen

- **Eventuell Agape** am Kirchplatz organisieren

6. HÄUFIGE FRAGEN RUND UM DIE FIRMUNG

Wie alt muss ein Firmling sein?
Die Firmung wird normalerweise in der Zeit des Übergangs zwischen Kindheit und Erwachsenendasein gespendet. Manchmal ist das schon mit 12 Jahren, manchmal erst nach 15 Jahren. In jeder Diözese, in jeder Pfarre gibt es jedoch spezielle Regelungen, frage im Büro deiner Pfarre nach. Das Mindestalter ist jedenfalls 12 Jahre.

Muss die Vorbereitung auf die Firmung überhaupt sein?
Ja, denn in der Vorbereitung auf die Firmung können Jugendliche sich mit ihrem Glauben und ihren Fragen an das Leben auseinandersetzen.

Wo sind die nächsten Firmtermine zu erfahren?
Die Firmtermine werden jedes Jahr von den Pfarren in Abstimmung mit dem Ordinariat der jeweiligen Diözese festgelegt. Neben den Pfarrfirmungen gibt es öffentliche Firmungen. Einen Überblick über alle Firmtermine erhält man bei den zuständigen Stellen der jeweiligen Diözese.

Wie läuft die Firmung ab?
Die Firmung wird vom Bischof oder einem von ihm beauftragten Firmspender gespendet. Sie findet während eines feierlichen Gottesdienstes **nach der Predigt und vor der Eucharistie** statt. Nach dem Taufbekenntnis der Firmlinge breitet der Bischof die Hände über jedem Firmling aus und ruft den Heiligen Geist auf ihn herab. Es folgt die eigentliche Firmung. Der Bischof legt die Hände auf den Kopf des Firmlings, zeichnet ihm mit Chrisam ein Kreuzzeichen auf die Stirn und spricht dazu die Worte: „Sei besiegelt durch die Gabe Gottes, den Heiligen Geist." Der

Firmling antwortet mit „Amen." Während der Firmung legt der/die FirmpatIn als Zeichen der Unterstützung seine/ihre rechte Hand auf die rechte Schulter des Firmlings.

Wer kann FirmpatIn werden?
Das Kirchenrecht der katholischen Kirche, der Codex des kanonischen Rechtes (CIC), empfiehlt ausdrücklich, dass der Taufpate auch der Firmpate sein soll (Can. 893 § 2). Dies ist eine Empfehlung, aber kein Muss. Der Firmling darf sich also seinen Paten oder seine Patin selbst aussuchen.
Es ist auch möglich, sich ohne FirmpatIn firmen zu lassen. Der/die FirmpatIn muss getauft, gefirmt sein und das 16. Lebensjahr vollendet haben. Pate oder Patin dürfen nicht Eltern des Firmlings sein. Weiters muss der/die PatIn ein Leben führen, das dem katholischen Glauben entspricht (Can. 874 CIC).

Welche Aufgabe haben FirmpatenInnen?
Die Patenschaft ist weitaus mehr als nur die Handauflegung bei der Firmung. FirmpatInnen sollten sich im Vorfeld über die Vorbereitung und den Firmgottesdienst informieren und Kontakt zum Firmling haben – natürlich auch nach der Firmung. Junge Menschen sollten sich an ihnen orientieren können und von ihnen Impulse für ein gelingendes Leben – auch im Glauben – erhalten.

Muss ich mich firmen lassen?
Jeder Firmling entscheidet das selber. Er oder sie sollte aber auf jeden Fall ein Gespräch mit den Firmverantwortlichen der Gemeinde suchen. Es besteht die Möglichkeit, am Firmkurs teilzunehmen und sich erst am Ende für oder gegen die Firmung zu entscheiden. In den allermeisten Fällen können in dieser Zeit Missverständnisse geklärt und Fragen an Gott und das Leben so beantwortet werden, dass aus dem anfänglichen Zögern mehr und mehr die Bereitschaft wächst, sich firmen zu lassen.

Darf ich heiraten, auch wenn ich nicht gefirmt bin?
Ja! Das Kirchenrecht spricht von einer „Soll-Regel" (Can. 1065 § 1 CIC), d. h. es ist erwünscht, aber nicht zwingend. Meist wird vor der Trauung auch kein Nachweis der Firmung verlangt.

Kostet die Vorbereitung auf die Firmung etwas?
Weder die Vorbereitung noch die Firmung selbst kosten Geld. Eine Kostenbeteiligung wird in vielen Pfarren erbeten, z. B. um Fahrtkosten oder andere Aufwendungen abdecken zu können. Am Geld soll es dabei aber nicht scheitern. Zuschüsse sind nach Absprache möglich.

Kann ein/e evangelische/r ChristIn FirmpatIn sein?
Nein und ja. Ein evangelischer Christ kann **Firmzeuge** sein, allerdings nicht allein. Zusätzlich braucht es einen katholischen Paten.

Mein/e Wunschpate/in ist geschieden und wiederverheiratet. Kann er/sie trotzdem PatIn sein?
Die Diözesen in Österreich, Deutschland und der Schweiz beurteilen diese Frage unterschiedlich. Die Meinungen reichen von „Wiederverheiratete sind nicht zum Patenamt zugelassen" bis zu „Die Seelsorger können mit pastoralem Gespür im Einzelfall die konkreten Umstände prüfen und dann entscheiden".

Kann jemand, der aus der katholischen Kirche ausgetreten ist, das Patenamt übernehmen?
Nein. Wenn ich vor einer öffentlichen Behörde erkläre, dass ich nicht Mitglied der katholischen Kirche sein will, bin ich wohl kaum in der Lage, den Firmling bei seinem Hineinwachsen in genau diese Gemeinschaft sowie seinem Bekenntnis zu dieser Gemeinschaft zu unterstützen und zu motivieren.

GLOSSAR

Besiegelung
Durch die Salbung bei der Firmung erhält der Firmling das „geistige" Siegel des Heiligen Geistes. Besiegeln ist etwas Endgültiges, wozu sich der das Siegel Ausstellende verpflichtet. Das heißt: Der Geist Jesu wird das Leben des Firmlings prägen.

Charisma
Im religiösen Kontext bedeutet Charisma eine Gabe des Heiligen Geistes. Die Begabung eines Menschen wird dann zum Charisma, wenn das Talent für andere oder für die Welt eingesetzt wird.

Chrisam
ist eine Mischung aus Olivenöl und Balsam, mit wertvollen Duftstoffen versetzt und vom Bischof geweiht. Die Bezeichnung Christus hängt damit zusammen und bedeutet der Gesalbte, hebräisch Messias.

Erlebnispädagogik
Die Erlebnispädagogik befasst sich mit Erfahrungen in der Gruppe bei der Lösung von gestellten Aufgaben, um die Entwicklung von sozialen Kompetenzen zu fördern. Meist findet dies in der Natur und unterstützt durch das Naturerleben statt (Outdoorpädagogik).

Firmalter
Die Untergrenze für das Firmalter ist in den einzelnen Diözesen unterschiedlich geregelt; sie variiert heute zwischen 12 und 18 Jahren, früher lag sie teilweise auch bei 8 bis 10 Jahren. Festzuhalten ist, dass nur seelsorgerische und keine dogmatischen Gründe für die Festlegung des Firmalters bestimmend sind. Pastoral gesehen spricht einiges dafür, das Firmalter an einem sogenannten Knotenpunkt des Lebens entweder am Beginn der Pubertät oder mit Eintritt ins Erwachsenenleben zu feiern. Religiöse Mündigkeit ist kirchenrechtlich keine Voraussetzung für den Empfang des Sakramentes.

Firmspender
ist in der römisch-katholischen Kirche in der Regel der Diözesanbischof oder ein von diesem beauftragter Firmspender (z. B. der Abt eines Klosters oder der Stellvertreter des Bischofs, der Generalvikar ...).

Firmung
kommt aus dem Lateinischen „firmare", d. h. bestärken. Die Firmung ist die Bestärkung durch den Heiligen Geist für die Aufgaben des Lebens im Sinne Jesu Christi.

Handauflegung
Ein sakramentales Zeichen der Firmung ist die Handauflegung durch den Firmspender. Dieser legt die rechte Hand auf den Kopf des Firmlings und zeichnet ihm mit Chrisam ein Kreuz auf die Stirn. Sie drückt die Zusage Gottes aus: „Ich bin bei dir, ich traue dir vieles zu." Die Handauflegung spielte auch in der Bibel eine wichtige Rolle bei Beauftragung, Geistspendung und Krankenheilung. Ebenso ist sie auch bei der Taufe, der Weihe und der Krankensalbung ein wichtiges Zeichen.

Heiliger Geist
bildet mit Gott Vater und dem Sohn Jesus die Dreifaltigkeit Gottes oder Trinität; siehe Symbole des Heiligen Geistes.

Heilige Geistin
siehe ruach

Initiationssakramente
Die drei Initiationssakramente der katholischen Kirche sind Taufe, Firmung und Eucharistie. Diese führen Schritt für Schritt

in das Christentum und in die katholische Kirche ein. So ist die Firmung auch die Vollendung der Taufe. In der frühen Kirche wurden deshalb Taufe, Eucharistie und Firmung gleichzeitig gespendet.

Pfingsten (Apg 2,1–41)
Christliches Fest zur Erinnerung an die Herabkunft des von Jesus versprochenen Heiligen Geistes auf die Jünger und auf Maria in Jerusalem. Pfingsten wird auch die Geburtsstunde der Kirche genannt, da die Jünger den Mut fanden, öffentlich von Jesus zu predigen, die Menschen einander in den verschiedensten Sprachen verstanden und sich viele taufen ließen. Die Handauflegung und somit das Weitergeben des Heiligen Geistes gehörte von da an wie die Taufe zum Christsein dazu. Gefeiert wird das Fest 50 Tage nach Ostern und beendet den Osterfestkreis.

Pneuma
griechisches Wort für den Heiligen Geist im Neuen Testament („pneuma hagion")

ruach
ist das hebräische Wort für den Geist Gottes im Alten Testament. Es ist weiblich und kann mit Wind, Atem oder sogar Sturm übersetzt werden. Ruach ist die Lebenskraft Gottes, die schöpferische Kraft, die schon am Anfang der Schöpfung über den Wassern schwebt, die Wirkkraft Gottes im Leben der Menschen. Häufig findet sich die wörtliche „Übersetzung" mit dem Kunstwort Heilige Geistin.

Sakramente
Sakramente sind erfahrbare Zeichen, in denen Gott seine Liebe und Nähe zugesagt hat. Die römisch-katholische Kirche kennt sieben Sakramente: Taufe, Firmung, Eucharistie, Krankensalbung, Sakrament der Versöhnung, Ehe, Weihesakrament.

Salbung
Ein sakramentales Zeichen der Firmung ist die Salbung mit Chrisam mit den Worten: „N., sei besiegelt durch die Gabe Gottes, den Heiligen Geist." Salbung bedeutet: „Du bist wertvoll. Du wirst gestärkt, um als Christ leben zu können. Du bist vom Geist Gottes erfüllt." Im Alten Testament wurden Priester, Könige, Propheten gesalbt, um ihre Aufgaben im Sinne Gottes zu erfüllen.

Sieben Gaben des Heiligen Geistes
Diese sind ein Versuch der katholischen Kirche, die Vielfalt der Geistesbegabungen auszudrücken. Beim Firmritus bittet der Firmspender um diese Gaben für die Firmlinge. Die Zahl Sieben ist hier eine symbolische Zahl aus drei (das Göttliche) und vier (das Menschliche).
Die sieben Gaben sind Weisheit, Verstand bzw. Einsicht, Rat, Stärke, Erkenntnis, Frömmigkeit und Gottesfurcht (Jes 11,2).

Symbole des Heiligen Geistes
Wind (Pfingsten, Apg 2,1–41; Joh 3,8): Gottes Geist bringt etwas in Bewegung, verändert die Welt und die Menschen, „ist stets für Überraschungen gut"! Man sieht ihn nicht, spürt aber seine Wirkung.
Feuer (Pfingsten, Apg 2,3): Gottes Geist lässt uns für etwas entflammen, schürt die Begeisterung.
Taube (Taufe Jesu, Mk 1,10): Die Taube war in der Antike ein Symbol für Liebe (vgl. die Turteltauben bei Hochzeiten) und auch für Frieden und Gewaltfreiheit. Als Opfertier im Tempel auch ein Symbol für die Verbindung mit Gott.

www.firmung.at
Die Firmwebseite der Katholischen Jugend Österreich mit vielen Anregungen, Methoden, Hintergrundinformationen zum Thema ...

Gebete für junge Menschen von Stephan Sigg

Friedens-Rap

Das Franziskus-Gebet für junge Menschen

Berge versetzen? Ziemlich unmöglich! Doch Steine ins Rollen bringen – das kann jeder, täglich! Stephan Siggs neue Texte machen das Franziskus-Gebet zu einem topaktuellen Klassiker.

durchgehend farb. illustriert, Broschur
ISBN 978-3-7022-3293-1
48 Seiten, € 4.95

Echtzeit

Neue Gebete für junge Menschen

24 Stunden lang – was freut dich, was belastet dich – und wie kannst du es Gott sagen? Unkonventionelle Texte, verpackt in flottes Design mit knalligem Leuchtorange.

durchgehend farb. illustriert
ISBN 978-3-7022-3171-2
96 Seiten, € 7.95

Treibstoff

Zündende Gebete zu brennenden Fragen

Vom Brot-Rap bis zur jenseitstrunkenen Performance sind in diesem topaktuellen Gebetbuch alle Themen versammelt, die den Jugendlichen in unserer Zeit unter den Nägeln brennen.

durchgehend farb. illustriert
ISBN 978-3-7022-2821-7
96 Seiten, € 7.90

STEPHAN SIGG, geb. 1983, lebt und arbeitet in der Schweiz. Der vielseitige Theologe ist in der Aus-und Weiterbildung von Religionslehrern tätig, hält Schreibworkshops und ist ein erfolgreicher Buchautor. Mit seinen flotten, unkonventionellen Texten spricht er die jungen Menschen an. Von seinem Gebetsbuch „Treibstoff" wurden mittlerweile über 35.000 Stück verkauft.
Mehr über ihn auf: www.stephansigg.com

Geschenke zur Firmung

Stephan Sigg
Echt? Jetzt!
Mein Navi durch den Alltagsdschungel

Mit seinen unkonventionellen Texten bietet Stephan Sigg jungen Menschen eine Entscheidungshilfe in schwierigen Situationen.

durchgehend farb. illustriert, Klappbroschur
ISBN 978-3-7022-3669-4
128 Seiten, € 14.95

Stephan Sigg
Nächtelang und meilenweit
Was Freundschaft ausmacht

Warum sind Freunde wichtig? Wie zeigt sich, ob ich jemandem vertrauen kann? Originelle Texte und Anregungen zum Thema Freundschaft.

durchgehend farb. illustriert, Klappbroschur
ISBN 978-3-7022-3524-6
128 Seiten, € 14.95

Stephan Sigg
Funkenflug
7 x Zündstoff für dein Leben

Stephan Sigg macht mit griffigen Worten deutlich, wie viel Zündstoff und Kraft in den 7 Gaben des Heiligen Geistes stecken, die wir bei der Firmung empfangen.

durchgehend farb. illustriert, Klappbroschur
ISBN 978-3-7022-3409-6
128 Seiten, € 14.95

Stephan Sigg
FORM MICH, FIRM MICH, jetzt entscheide ich!
Das Geschenk zur Firmung

Ganz klar. Die alten Märchen sind passé. Jugendliche schreiben ihre eigene Story. Abschied vom Kinderglauben, Aufbruch in die Eigenständigkeit. Doch die Lebensstraße ist kein Highway ins Paradies. Dass da Firmung vielleicht gar nicht so uncool wäre, zeigt dieses Buch.

3. Auflage
durchg. farbig illustriert, gebunden
ISBN 978-3-7022-2903-0
60 Seiten, € 14.90

Stephan Sigg
Was ich dir zur Firmung wünsche

In diesem Geschenkbuch zur Firmung findet sich all das, was man Jugendlichen auf dem Weg zum Erwachsenwerden mitgeben möchte: ermutigende Gedanken und viele gute Wünsche.

durchgehend farbig illustriert, gebunden
ISBN 978-3-7022-3565-9
40 Seiten, € 9.95

H. Daxeder-Okon / A. Hintner / M. Rhomberg
Miteinander durch dick und dünn
Firmpate/Firmpatin sein

Dieses Büchlein ist für Paten gedacht. Sie erklären Sinn und Hintergrund der Patenschaft, geben Anregungen für den christlichen Glauben, zeigen den Ablauf der Tauf- bzw. Firmfeier und wie die Paten darin eingebunden sind.

mit farb. Abb. und Grafiken, Broschur
ISBN 978-3-7022-3330-3
48 Seiten, € 5.95

Die AutorInnen

sind langjährige MitarbeiterInnen im Firmarbeitskreis der Katholischen Jugend Österreich und leiteten gemeinsam zahlreiche österreichweite Fortbildungen zum Thema „Firmvorbereitung und Firmung".

Mag^a^. **ANGELA BACHLECHNER**, Theologin und Religionspädagogin, mit Erfahrung in der pfarrlichen Firmvorbereitung in der Diözese Innsbruck
Mag. **STEFAN SCHÖTTL**, Theologe und Supervisor, mit Erfahrung in der kirchlichen Jugendarbeit der Diözese Linz
Dr. **HANNES WECHNER**, Theologe und Mitarbeiter der Diözese Innsbruck, Erlebnispädagoge und Mitautor von „Plötzlich bist du nicht mehr da. Tod und Trauer von Jugendlichen", 2. Auflage 2014